TOUJOURS AVEC MOI

Édition : BoD · Books on Demand, 31 avenue Saint-Rémy,
57600 Forbach, bod@bod.fr
Impression : Libri Plureos GmbH, Friedensallee 273,
22763 Hamburg (Allemagne)
ISBN : 978-2-3225-6921-2

Ce livre a pour objectif de vous faire découvrir mon monde, l'histoire qui est mienne.

« Étrange », « Bizarre », « Différente », tant d'adjectifs qui ont résonné dans mes oreilles, et qui résonneront sûrement toujours.

J'ai, ce que certains appellent, un don.
D'autres l'appelleront une malédiction.
Moi, je l'appelle juste « moi »

À toi, ma sœur, Alexandra
Un amour indélébile.

« Bataille ».

PRÉFACE

Afin de profiter pleinement de votre lecture, quelques points sont importants. J'ai pris le parti pris d'écrire mon histoire avec les anges de manière non chronologique. Les éléments, cités plus bas, sont différents moments de ma vie, que j'évoque grâce à mes souvenirs et l'aide précieuse de ma grand-mère Marie-Lucie, qui quand j'ai la tête qui flanche, me permet de visualiser de nouveau ces moments.
Je me suis permis donc de poser mes souvenirs comme ils venaient, sautillant dans le temps à ma convenance.
Je voulais vous conter mes souvenirs de cette façon.
L'écriture, permet cela. De faire comme on le souhaite. Vous offrir cette authenticité m'est précieux.

À la fin de ce livre, vous pourrez découvrir les questions qui me sont souvent posées en consultation sur les anges et leurs « fonctionnements ». N'hésitez donc pas, entre deux chapitres, à aller cueillir certaines réponses qui pourraient vous être utiles. J'aurais pu les intégrer dans les chapitres, mais je ne souhaitais pas que vous perdiez le fil de mon histoire. Là aussi, c'est donc tout à fait volontaire de ma part.
Je souhaite que mon histoire vous apportera toutes les émotions que je souhaitais vous donner.
J'y ai mis tout mon cœur, toute mon âme.

Bonne lecture à tous, et merci.

PROLOGUE

Nous sommes entourés, tous, depuis aussi loin que l'on se souvienne de jugements : « Celui-ci a une tête bizarre, celui-ci est trop maigre, et regarde celui-ci est trop pâle... ». Nous avons tous croisé quelqu'un qui a jugé à un moment notre vie, nos choix, et d'ailleurs, nous-mêmes nous avons pu juger une situation, une personne. C'est ce qui nous permet de nous rassurer, indirectement.

Si lui est trop maigre, si celle-ci est trop pâle, alors cela nous renvoie à notre propre « moi ». Mais sur quoi nous basons-nous pour émettre un jugement ? Une référence ? Une normalité ? Si oui, laquelle ?

D'après moi - et ça tombe bien puisque ce livre est le mien- notre référence est la croyance que l'on nous inculque, la croyance que nos chers parents, ou figures d'éducation, veulent bien nous raconter, nous conter.

Un exemple concret : le Père Noël. Nous avons tous cru à cet homme barbu, qui apporte de jolis cadeaux, accompagné de son traîneau et de ses rennes. Sincèrement, ce n'est pas la plus belle fausse croyance qui soit ? Attendre toute une année, en étant bien sage - cas contraire, ce charmant Père Noël ne passera pas -, pour avoir des cadeaux offerts par... je ne vous apprends rien : Nos Parents. C'est une manière « douce » de maintenir un enfant dans une croyance, si féerique soit-elle. Pour nous dire enfin, quelques années plus tard, qu'il n'existe pas. J'ai toujours trouvé ça violent de faire croire à quelque chose de magique pour mieux le retirer dans l'imaginaire d'une personne des années après. Pour autant, nous transmettons cette illusion à nos propres enfants. Pourquoi ?
Tout comme nous faire croire qu'une norme existe ? Quelle norme ? Sur quoi se base-t-on pour parler de norme ? Y a-t-il une

référence que nous aurions loupée ? Y a-t-il des critères, des normes inscrits dans un grimoire ancien où il était inscrit « voici la norme » ?

Alors entre croyances et jugements ; deux choses qui ont bercé ma douce vie, j'ai décidé d'écrire ce que je vis, comme un journal intime d'enfance que j'aurai caché depuis des années, mais qu'aujourd'hui, je décide de sortir, de dépoussiérer et de vous livrer.

Ce récit n'engage que moi, et la croyance unique que j'ai en mes ressentis. Je suis née « avec », je ne me souviens pas avoir vécu sans. Quand on me pose la question « depuis quand vois-tu les anges » ? J'aimerais répondre ceci…

Le premier souvenir que j'ai lié aux anges, mes compagnons de vie, s'est produit quand je jouais dans ma chambre avec des poupées sur mon lit, à parler à un ami « imaginaire ». J'avais pleine conscience que l'ami en question n'existait pas pour les personnes autour de moi, qu'il n'existait que pour moi. Et il était tout à fait naturel de leur parler, de les entendre m'expliquer ce que, eux vivaient, de leur côté. De l'autre côté.

Un endroit dont j'étais privée…

Le premier ange que j'ai vu - si je vais fouiller très loin dans ma mémoire -, c'était ma grand-mère maternelle, Marie-Lucie. Elle était la maman de ma mère, et sans même avoir entendu parler d'elle, je savais qui elle était. Je l'ai connue de son vivant jusqu'à mes quatre ans, et je n'ai aucun souvenir d'elle vivante. Aucun. Cependant, depuis son décès, elle ne m'a jamais quittée.

J'ai su que j'étais différente quand, avant que le téléphone ne sonne chez mes parents, je savais que mon arrière-grand-mère paternelle venait de mourir. J'ai exprimé à ma mère que le téléphone allait sonner et qu'une personne, que nous connaissions, était partie de l'autre côté. Puis, le téléphone a sonné… Je ne sais même pas si à ce moment-là, maman a compris que je ressentais quelque chose que d'autres ne captaient pas. Je pensais innocemment que tout le monde entendait ce que j'entendais. Si mes oreilles étaient en mesure de les entendre, pourquoi ma famille ne les percevait-il pas ?

Alors quand l'un de mes anges m'a exprimé clairement, que ce que j'avais était un don, je me suis sentie indéniablement différente.

Un don ? En quoi est-ce un don de voir et d'entendre des personnes décédées ?

***

J'ai longtemps pensé que chaque personne sur cette planète avait une couleur. Oui, une couleur, cette couche brillante qui enveloppe le corps. Chaque personne, toutes sans exceptions, avait une nuance colorée tout autour d'elle, et je trouvais ça tellement magnifique de voir les rayons qu'une personne pouvait dégager. Papa était rouge, maman souvent bleue, ma sœur était jaune. Je voyais toutes les couleurs de l'arc-en-ciel quand je sortais à l'extérieur de chez moi et je découvrais le monde ; c'était fascinant. La vie était magnifique. La vie était pleine de couleurs vives, douces.

Au sein de ma famille, ils avaient tous une couleur intense. Je me souviens avoir été tellement admirative d'eux. Je pouvais passer des heures à observer mon papa bricoler, ses couleurs se déplaçant en même temps que lui. Ce rouge, parfois orangé, brillant, presque pailleté… Cette couleur autour de lui bougeait lentement pour l'accompagner dans ses mouvements. Vous savez ? Comme une bulle de protection lumineuse. Cela m'apaisait de regarder vibrer les couleurs qu'avaient les gens que je croisais. Je n'avais aucune idée de la définition de ces couleurs. En avaient-elles une ? Est-ce qu'être bleu était mieux que d'être vert ? Y avait-il un sens ? Une hiérarchie ? J'avais tellement de questions au sujet des couleurs.

Je me souviens qu'à ce moment-là de ma vie, je ne me sentais pas légitime à poser toutes ces questions. Alors, je n'en posais aucune. Je savais intuitivement que beaucoup n'en comprendrait pas le sens… Si j'avais dit à ma grand-mère paternelle, de son vivant, qu'elle avait une couleur dorée, elle m'aurait très certainement demandé quelle mouche m'avait piqué … Vous vous doutez bien que je ne posais aucune question à personne.

J'ai le souvenir que toute petite, quand je croisais mon reflet dans le miroir, je n'avais aucune couleur. En étais-je privée ? Juste du blanc, que du blanc. Et souvent, mon visage se fermait face à mon double, je me demandais, encore une fois, pourquoi moi, je n'avais pas le droit à toutes ces couleurs vives. À cet arc-en-ciel qui entourait tout mon monde.
La prise de conscience est arrivée lors de mes cinq ans, celle-ci me définissant comme quelqu'un d'irrévocablement différente. J'étais blanche, pendant que tous les autres étaient colorés. C'était ainsi. Et j'allais apprendre à vivre avec.

Mon enfance n'a pas été parfaite. Comme beaucoup d'entre nous, j'ai eu des parents qui, même s'ils n'étaient pas très présents, ont essayé de donner un minimum d'équilibre à leurs filles, ma sœur et moi. Je reste intimement convaincue qu'ils n'ont pas toujours fait le maximum pour nous. Et c'est bien. Car ce que j'ai vécu m'a permis d'être qui je suis et en ce point, c'est grâce à eux. Quand un parent n'apporte pas ce qu'il faut à son enfant, l'adolescent puis l'adulte se construit au travers de ce manque. Cela nous définit, simplement. Je n'en veux pas à mes parents, je souhaite seulement éviter de reproduire certaines choses. Le fait d'en avoir conscience me permet de ne pas commettre ces mêmes erreurs. Ils ont très certainement pensé nous donner le meilleur, à leur façon.

Ma mémoire a fait un tri assez sélectif des souvenirs de mon enfance. J'avais une vie, avec des parents séparés, qui se sont déchirés, et je faisais mon bonhomme de chemin entre l'école et la vie de famille, tantôt chez maman, tantôt chez papa. Je prends quelques instants pour remercier mes regrettés grands-parents, chez qui je séjournais beaucoup, telle une seconde maison, où l'accueil était toujours chaleureux avec des parfums inoubliables.

Mon quotidien a toujours été très différent du commun des mortels. J'allais à l'école avec des amis défunts et ma vie était teintée de couleurs.

D'apparence, cela peut sembler joli comme existence, mais je vous assure que non. Ça n'avait rien d'agréable d'être différente. Les échanges que j'ai avec les anges et ce depuis toute petite, ont toujours été fluides. Je les ai toujours vus comme je vois les personnes en vie : la même apparence, la même luminosité. La seule différence est qu'ils n'ont pas de pieds. Et c'est grâce à cela que je vais apprendre à les différencier des vivants.

Seulement, dans des endroits où il y a beaucoup de personnes, ça reste complexe de savoir qui est présent et qui ne l'est pas réellement. Il est difficile et gênant de bloquer mon regard vers les pieds de quelqu'un lors d'une discussion, pour savoir si l'âme à qui je parle est réellement là.

Mon angoisse depuis toujours sont les magasins ; les rassemblements. Si deux cents personnes se retrouvent dans une salle, j'en vois trois fois plus. Donc, même aujourd'hui, j'évite ces endroits autant que possible. Quant à leur façon de communiquer, c'est la même que la vôtre. Je discute avec eux comme je pourrais discuter avec un ami à la maison. C'est identique. Leur langue n'est pas différente de la nôtre.

Mon expérience avec eux m'a montré qu'ils avaient aussi une voix similaire à celle qu'ils avaient vivants. Et comme chacun d'entre nous, leurs voix sont nuancées, d'ailleurs, pour poursuivre à leur sujet, nous avons tous un Ange Gardien. L'Ange Gardien est là depuis notre naissance, il a fait le choix de nous accompagner, de nous protéger, de veiller sur nous jusqu'à notre dernier souffle. Une fois la fin de notre vie, c'est lui qui nous attend de l'autre côté. Là aussi, pour nous guider. La plupart des êtres humains, comme vous et moi, sont accompagnés par différentes âmes que nous perdons au fil de notre vie. La mort d'une grand-mère, d'un oncle, d'une sœur, toutes ces personnes que nous perdons seront guidées ailleurs par leurs anges gardiens. Ils peuvent choisir de revenir sous une autre forme dans nos vies, en incarnant nos anges et en nous guidant, différemment, mais complémentairement de nos Anges Gardiens.

Aussi, on entend souvent parler de nos guides : eux, toujours selon moi, sont de l'autre côté et ne viennent à nous que lorsque nous avons des choix très importants à faire. Comme une réunion de « grands patrons ». Ils ne sont pas plus puissants que d'autres anges, simplement, ils possèdent un rôle différent.

Depuis le décès de Marie-Lucie, et comme je l'exprimais plus haut, celle-ci ne me quitte que très rarement, et fait donc partie de mon quotidien. C'est elle qui m'a dit d'aider les gens dans le besoin avec ce don de la vie. J'ai mis du temps, même beaucoup de temps, avant de me définir légitime à cette posture, et donc de pouvoir soutenir, apaiser, aider, soulager… l'Humain.

Avant de pouvoir penser à aider les autres, il fallait d'abord que je m'aide moi.

Mais cela était difficile, particulièrement lors de mon enfance. Les autres, face à ma différence, pensaient que j'étais dingue, et même si ce que je vis depuis mon plus jeune âge est ma réalité, j'étais capable de comprendre que c'était troublant et que le reste du monde voulait se raccrocher à quelque chose de rationnel. Je ne l'étais pas, rationnelle, et je ne le suis toujours pas.

Pour dire vrai, je comprends que l'on puisse penser que ces choses n'existent pas. Dans leurs parcours de vies, certaines personnes ont besoin de rationnel, de concret. Nous sommes tous différents bien entendu, et c'est grâce à ces différences que nous formons un monde. Ce monde avec cet équilibre parfait.

Toutefois, les personnes qui ne croient pas en ces dons et qui se permettent de les juger sans savoir, font persister, dans mon monde à moi, une forme d'injustice.

En veut-on à quelqu'un parce qu'il est brun ? Ou parce qu'il est petit ? Fort heureusement non, à moins d'être profondément stupide. Je suis née brune aux yeux verts, je n'ai rien maîtrisé à cela. Je suis née Médium et je n'ai rien demandé non plus.

La médiumnité, c'est une clairvoyance, mais aussi une clairaudience que d'autres n'ont pas. Ça se traduit aussi naturellement qu'un magnétiseur qui ressent une douleur urgente à soulager. Ça se manifeste aussi précisément qu'un chef qui aurait une aisance parfaite pour réaliser ses plats. Les dons sont innés, instinctifs. Chacun d'entre nous a un don pour quelque chose. Peut-être ne l'avez-vous pas trouvé. Pourtant, c'est bien en chacun de nous.

J'ai poussé mon premier cri avec ce don de voir et d'entendre nos anges, les miens, les vôtres. Je n'ai rien fait pour. Et comme l'écrivain ou le peintre, c'est à l'intérieur de moi. Je n'invoque rien. Je laisse faire.

Je vois beaucoup de choses sur la médiumnité, j'en entends beaucoup aussi. Ça me fait toujours sourire, d'une certaine manière, ces personnes souhaitant se faire passer pour tel en invoquant des choses bizarres, ceux qui créent des univers clichés, disons-le, pour pouvoir rentrer en contact avec un défunt. Selon moi, un médium n'a besoin de rien pour activer son don puisque cela fait partie intégrante de lui, de la même manière que le simple fait de respirer. C'est exactement la même chose.

Parfois, la transcription de ce que nous entendons et voyons, n'est pas toujours simple à transmettre. Parce qu'un ange parle beaucoup, parfois vite, et, le temps à notre cerveau de traiter les informations, cela peut prodiguer certains moments de silence pour des contacts en leur compagnie. Même si ça finit par devenir un quotidien que de retransmettre les bonnes informations, ce n'est pas toujours évident pour autant. Et puis je suis parfois confrontée, à des anges qui communiquent peu.

Si cela est le cas lors des consultations, je déduis souvent que ce n'est pas le bon moment pour le consultant que d'entendre certains messages. Un contact avec eux, est toujours juste. Vos anges vous transmettront exactement ce qui est essentiel de savoir...

LES CHEMINS DE VIE

J'ai bien entendu, beaucoup appris d'eux, particulièrement certaines notions dans nos parcours de vie. Pourquoi nous traversons toutes ces épreuves ? Parfois des épreuves que nous pensons insurmontables ? J'ai souvent pensé que certaines vies étaient plus chargées que d'autres, j'entends par là que certaines personnes vivent des choses plus compliquées et douloureuses. Pourquoi ? Est-ce écrit quelque part ? Alors j'ai demandé à nos anges et ils m'ont permis de comprendre un peu mieux. Je vous en donne mon sens, mes intuitions, mes connaissances. Et de nouveau cela n'engage que moi…

Avant de venir sur notre terre, nous sommes des âmes qui sont allées de l'autre côté. Cet endroit m'est tout à fait inconnu bien que j'ai dû, comme beaucoup d'âmes, y passer un sacré « temps ». Selon moi, nous écrivons l'exactitude de ce que nous nous apprêtons à vivre.

De notre naissance à notre mort.

De la famille dans laquelle nous allons naître, à nos traits physiques, nos rencontres, nos emplois, nos difficultés, nos moments de bonheur, nos problèmes financiers, **l'intégralité de notre vie.**

Plus nous nous mettons d'épreuves, plus nous apprenons de celles-ci.

Certains n'en n'ont aucune conscience et vivent leur vie en se demandant sûrement (ou pas) pourquoi ils vivent cela, et puis, passent à autre chose. Car cela n'a pas grand intérêt pour eux. Leur apprentissage de vie ne se situe pas à cet endroit a priori.

D'autres, vont pouvoir se dire à un moment de leur vie, « Ok je traverse ça, mais pourquoi ?»

Au-delà du pourquoi, il est surtout intéressant de se demander « que dois-je apprendre de cela ? ».

Nous devons, avant toute chose, préciser que dans notre vie, nous avons le bien et le mal.

Indéniablement. Ne vivons pas dans un monde utopique, le mal est partout.

Pour que nous puissions avoir des épreuves, il faut rencontrer le « mal » au travers des personnes, des douleurs. Cela leur permet à eux, comme à nous, d'apprendre au travers ces épreuves. Le mal apprend du bien et inversement.

Si par exemple, vous étiez un enfant plus sensible et réservé, alors vous aviez peut-être un ennemi juré qui avait pour seule passion de passer son temps à vous embêter et cela vous a très sûrement mis en douleur par moment.

Bon nombre d'enfants vivent le harcèlement scolaire, et nous nous demandons, nous parents, pourquoi notre enfant vit cela ? Et vous avez raison de vous poser cette question.

De mon côté, je me demande souvent, comment et où mon enfant va trouver la force de dire STOP. Alors pas un STOP verbal, un STOP énergétique. Un alignement avec soi, pour se dire que profondément on ne veut pas vivre cela. Et souvent l'enfant n'a pas cette maturité et le recul pour pouvoir le faire. Alors il le portera sur ses épaules, et deviendra un adulte qui portera ce sac-là…

Cela va évidemment pour différentes étapes et douleurs de vie. J'ai pris ici l'exemple de l'enfant et du harcèlement, mais nous pouvons imaginer toutes les dures expériences de vie.

Imaginez maintenant, sur une vie le nombre de sacs dont on se charge alors que nous n'en sommes pas responsables.

J'espère que vous me suivez toujours…

Dites-vous, que la personne qui vous a embêté à l'école a choisi, de l'autre côté quand il était un ange, d'être exactement ce qu'il est avec vous. Bien sûr, il n'en a pas conscience, mais on n'oublie pas que nous avons tout choisi, y compris de croiser cette personne qui va vous donner matière à travailler certaines choses en vous.

Il est important, sinon primordial, de prendre conscience que nous aussi, nous faisons du mal. Volontairement ou non, mais dites-vous bien que nous apportons des douleurs à d'autres, pour de nouveau, leur permettre d'apprendre, à leur tour, certaines choses sur leur propre chemin de vie.

Oui, nous souffrons de douleurs qu'on nous inflige, mais nous infligeons également.

Il est véritablement important de pouvoir se regarder soi, avant de regarder les autres.

La vie se charge de nous donner à chacun notre lot, tout en n'oubliant pas, que nous avons choisi chaque élément, les émotions que nous vivons, agréables comme douloureuses.

Cependant, est-ce que notre rôle dans la vie ne serait pas justement de pouvoir se délester des sacs qui ne nous appartiennent pas ?

Quand une personne nous fait du mal, (en tout cas, ce que nous qualifions de mal), nous portons notre propre douleur. Ex : « Il (elle) m'a fait du mal, je ressens une douleur, je la porte ». Cela est un fait.

Prenons le temps sur cet exemple :

Il (ou elle) m'a fait du mal : (Oui c'était sa mission de vie)

Je ressens de la douleur : là aussi c'est le but de cette douleur, vous faire ressentir une émotion.

Je porte cela dans mon sac : (STOP non, on s'arrête, Vous ne devez PAS porter une douleur qui ne vous appartient pas !)

Pour pouvoir se débarrasser de ce sac, il faut le conscientiser (en prendre pleinement conscience).

« Je suis en train de porter un sac rempli des douleurs qu'une personne vient de me donner. Cela ne m'appartient pas, je m'en déleste ».

Sans se délester de ces sacs, nous allons créer un schéma répétitif.

Si nous ne comprenons pas quelque chose, comme cette histoire de sac qui n'est qu'un parfait exemple, la vie se chargera de nous remettre, ce genre d'émotions de nouveau sur notre chemin, pour cette fois encore nous permettre de la comprendre.

La boucle peut se répéter longtemps...

Chaque épreuve non traitée, se répétera sous une autre forme, d'une autre manière, pour nous permettre de le faire.

Pour cela ; le fait de la conscientiser permet vraiment de regarder les choses exactement comme elles sont.

Pourquoi s'encombrer de choses qui ne sont pas les nôtres ?

Hélas, nous n'avons pas ce réflexe-là, de pouvoir poser les affaires qui ne sont pas les nôtres sur notre chemin. Nous avons l'instinct de garder cela pour nous, en nous disant que si cela nous a fait mal, c'est que cela nous appartient. Nous vivons avec des charges mentales, des douleurs physiques, qui à la base ne nous appartiennent pas.

Évidemment, nous sommes tout à fait d'accord que certaines douleurs ou parcours vécus sont plus douloureux que d'autres. Cependant, nous devons toujours nous dire que nous ressortons plus forts d'une épreuve, que sans... Il n'y a aucun apprentissage de cette vie.

Imaginez maintenant une vie, sans douleurs, alors dans un monde parfait, nous pourrions tous espérer vivre cela... Mais une vie sans émotions n'a aucun sens. Les douleurs, la joie, la peine sont des émotions, qui en apportent encore d'autres.

Pour avoir des émotions il faut des histoires. Une histoire linéaire sans vagues, sans creux, ne donne pas d'émotions.

Les émotions viennent de soi, mais elles sont aussi créées par le monde extérieur. Le monde extérieur est peuplé de personnes, qui elles-mêmes vont vous créer ces émotions.

Maintenant que certaines **bases** sont posées, voici mon histoire.

MÉMÈRE COPINE

Papa a dit dans une des chansons qu'il a écrite pour sa grand-mère : « *Mémère copine t'es un puits à souvenirs, quand je pense à toi ça me donne le sourire. Mémère Copine, je n'ai rien oublié, ta coquetterie et ton air enjoué* ». Le texte de cette chanson m'a toujours bouleversée. Il a des souvenirs assez précis de sa grand-mère maternelle. C'est une chance de se souvenir des parfums d'une maison, où on a passé son enfance, c'est merveilleux. Garder en mémoire l'image de sa grand-mère en bout de table, en train de couper une pomme avec un couteau minuscule, cela doit être chouette.

Ma grand-mère maternelle est décédée à mes quatre ans. Je n'ai pas de souvenirs d'elle, ou uniquement ceux que l'on m'a contés pendant longtemps. C'était une mère de dix enfants, sept garçons, trois filles, rien que ça !

Elle a été malade très tôt, traînant tumeur cérébrale sur tumeur. Une première s'est installée dans son cerveau, elle avait quarante ans. D'après les mots de maman, elle a été opérée plusieurs fois. Malheureusement, elle aura des examens plus tard, révélant deux autres plus grosses. Je crois qu'elle a subi des rayons et diverses opérations pour l'aider. En vain, puisque les opérations faites sur ces tumeurs, l'ont rendue hémiplégique. À quarante-et-un ans, elle était clouée dans un fauteuil roulant, ne pouvant plus bouger son côté gauche. Cependant, même en fauteuil, elle gérait les repas de sa couvée, l'entretien de sa maison, et l'éducation de chacun, d'une main droite de fer. On m'a dit qu'elle avait un caractère de guerrière. Elle n'aimait pas que les gens se fichent de ses petits et de sa situation.

Mémère est née dans une roulotte, issue elle aussi d'une famille nombreuse. Elle a vécu jusqu'à sa mince majorité dans une caravane en bois avec les siens. Jusqu'à ce qu'elle rencontre mon grand-père, lui-même gitan. Ils se sont émancipés dès leur dix-huit ans en construisant une grande maison pour fonder leur famille. Et quelle famille !

Ma famille, lors de l'évocation de leur souvenir, m'a toujours dit que Marie-Lucie a toujours été une mère, caractérielle, exigeante, et incroyablement aimante. Maman m'a expliqué, que lorsque j'étais bébé, elle m'attrapait de sa main valide par le col de mon vêtement, me portait au-dessus de son visage pour m'embrasser passionnément. Et vraiment, j'aimerais avoir ces souvenirs.

Les souvenirs que j'ai d'elle, je les construis chaque jour depuis qu'elle m'accompagne en tant qu'ange. Elle est décédée en 1986, et depuis son départ de l'autre côté, elle est en permanence avec moi.

Cette petite femme, cheveux ondulés châtains, yeux bruns au caractère toujours bien trempé s'est fait sa place à mes côtés.

Elle n'a plus son fauteuil, et bien sûr ne porte plus aucun handicap. Elle s'est donc toujours présentée à moi debout. Elle m'a dit depuis son arrivée, qu'elle était ma grand-mère maternelle et que son devoir était de veiller sur moi. Et depuis ce jour, c'est exactement ce qu'elle fait.

Je me souviens bricoler avec mon papa dans le garage, et l'entendre me dire de faire attention à ne pas me blesser. Que telle ou telle chose était dangereuse. Plus tard, elle me guidera de façon différente, car - comme elle aime à dire - les dangers sont partout. Marie-Lucie ne m'épargne rien pour autant. Elle m'informe de ce que je dois retenir des étapes jolies et douloureuses de ma vie. L'avoir à mes côtés ne m'évite rien, je fais mes choix, mes expériences et même si parfois elle se tire les cheveux, elle respecte toujours.

C'est assez drôle d'ailleurs quand je fais un choix qu'elle n'apprécie pas, elle a tendance à me regarder avec des billes rondes. Je sais maintenant ce que cela indique, mais je me suis juré de ne jamais trahir mes choix de vie. Même si je suis médium et que les anges pourraient me guider, j'ai choisi certaines étapes de vie, et je m'oblige à les vivre. Je veux apprendre et je le dis souvent à ma grand-mère. Cela serait appauvrissant de vivre cette vie sans apprendre ce qui est prévu pour moi. Alors même si je note des frustrations parfois de sa part, je m'écoute. Toujours.

Nous avons certaines habitudes, elle et moi. Je la connais parfaitement, et elle, me sait. Nous aimons prendre de mon temps pour parler. Elle me raconte ce qu'elle a appris dans sa vie, et me dit que parfois, je suis confrontée aux mêmes choses qu'elle. Et c'est comme ça, que j'ai découvert, que Marie-Lucie avait les mêmes dons que moi. Elle était médium. Je tiens donc cela d'elle. Certainement d'ailleurs que ce don doit venir d'encore plus loin. Et d'après elle, c'est une certitude. Nous sommes une lignée de médiums ayant traversé les générations. J'aurais aimé connaître mes ancêtres ainsi que leur pouvoir d'aide aux autres. Marie-Lucie dit que ce sont des âmes incroyables. J'ai eu l'honneur de rencontrer une fois, une arrière-arrière-arrière-arrière-grand-mère de passage dans ma maison. Elle était très grande, brune, les yeux verts perçants avec un sourire bouleversant. La brillance de son âme m'avait stoppée dans ma lancée, tant elle était pure. Cela m'a surpris quand elle est arrivée pour poser sa main sur ma tête, j'avais déjà la sensation de connaître cette âme. Nous nous étions déjà croisées, j'en étais certaine. Puis elle est repartie, en me disant que j'aiderai dignement les personnes que je croiserai dans ma vie, comme mes ancêtres l'avaient fait. Cela m'avait rendu fière, et je le suis encore.

Aussi étrange que cela puisse être, dans ma famille, on ne parle pas de médiumnité. Mes parents n'ont jamais adhéré à mon monde, même si maman m'a souvent dit que j'étais en effet, connectée à quelque chose. Je crois que c'est aussi par peur de l'inconnu, qu'ils ne m'ont jamais parlé ouvertement de cela. J'étais différente, ils le savaient mieux que personne, mais nous n'en parlions pas.

Marie-Lucie a toujours trouvé cela dommage de devoir taire ce que l'on est, et ne semblait pas le comprendre. J'avais fait le choix petite de ne pas faire de vague avec cela. Elle me disait « un jour tu comprendras que tu ne peux pas fuir ce que tu es » Et j'ai compris. Oui, un jour j'ai compris que je ne devais pas être ce que les autres attendaient de moi, mais être ce que j'attendais de moi-même. Que cela plaise ou non. Tout le monde n'aurait pas les mêmes idées que moi et ce n'était pas grave, mais je ne devais plus faire semblant d'être.

Ma grand-mère me disait à cette période de ma vie, que c'était comme si je vivais à côté de moi-même. Elle me disait

« Tu n'es pas médium, tu n'es pas Audrey la fille d'un tel, tu n'es pas brune aux yeux verts, tu es toi. Ne te qualifie pas, sois ».

C'est difficile de comprendre cela quand on a douze ans, très difficile. Parce que nous sommes dans une période de vie, où le regard des autres est essentiel. Où nous sommes souvent le reflet des autres. Elle m'a appris à accepter qui j'étais. « Arrête d'écouter les autres, ils ne sont pas toi. Nos chemins sont tous différents, sois créatrice du tien ». Là aussi, j'aurais pu l'écouter et faire, mais cela n'aurait pas été utile pour mon être. Il fallait que je comprenne ce qu'elle me disait vraiment. Il fallait que ma vie me donne ces épreuves, pour comprendre parfaitement ce qu'elle attendait de moi. Ce que j'attendais de moi-même.

Les épreuves ne m'ont pas épargnée bien évidement, comme tout un chacun. Et à chacune d'elles, Marie-Lucie est là, près de moi. Tantôt silencieuse, tantôt très communicative. Je lui dis souvent que je ne veux pas qu'elle m'informe des choses. C'est vrai, si c'est pour être prévenue de tout, je ne vois pas d'intérêt de goûter à cette vie. Alors même si parfois, elle se mord la langue, elle sait que dans les grandes étapes de ma vie, les vraies difficultés, je préfère la savoir silencieuse.

Elle pourrait et voudrait parfois me prévenir d'un grand souci qu'il pourrait m'arriver, mais elle m'a aussi expliqué depuis toute petite, qu'elle ne pourrait de toute façon rien changé à ce que j'ai décidé. Alors à quoi cela me servirait d'être prévenue, si je suis dans l'obligation de vivre ce qui est déjà prévu. Pour moi, aucune utilité à le savoir.

Là où, cela est un vrai avantage de l'avoir près de moi, au-delà de l'amour que je lui porte, c'est qu'elle a le don de me prévenir de ce que les gens ressentent véritablement. Si je croise quelqu'un dans ma vie qui a de mauvaises intentions, alors Mémère me prévient généralement. Je fais le choix d'accueillir cette personne ou pas, cela m'appartient, mais elle me met souvent en garde.

Ce qui est joli aussi, c'est de connaître la vérité quand quelqu'un me dit des âneries. Oui, il est difficile de mentir à un médium. Parce que si vous savez que vous mentez, dites-vous que le médium le sait aussi. Mais j'aime savoir jusqu'où l'autre va aller dans sa bêtise. Et cela fait rire Mémère aussi.

Je ne suis pas là pour changer le mensonge de la personne, s'il ment c'est que cela aussi est écrit comme ça. Alors je ne contrerai jamais le mensonge de quelqu'un. Il le fait consciemment. Et je l'écoute consciemment aussi.

J'interdis aussi à ma grand-mère de me dire ce que contient un joli paquet cadeau. Parce qu'elle a le don, quand je reçois un cadeau, de me dire avant même que j'ai eu le temps de l'ouvrir « Oh un parfum, tu l'adores en plus celui-là ! ». Je lui en veux instantanément. Pourquoi elle me le dit ? Alors c'est d'un regard moins friand que j'ouvre mon paquet en sachant déjà que c'est un parfum !

Mon quotidien avec elle est un vrai film. De mon lever à mon coucher. Elle apparaît dès que j'ouvre les yeux, et disparaît lorsque je les ferme. Elle est le premier bonjour que j'entends. Et c'est comme un besoin, une attente, quand mes paupières s'ouvrent. Elle accompagne son bonjour avec un grand sourire. Et c'est d'un pas léger que je me lève car je sais qu'elle va m'accompagner pour la journée.

Là où c'est moins agréable, c'est lorsqu'elle commence à parler. Je ne sais pas si de son vivant elle était communicative, mais une chose est certaine, c'est que si cela n'était pas le cas, elle a rattrapé son retard. Elle parle tout le temps. J'ai beaucoup de difficultés à rester concentrée sur quelque chose sans qu'elle ne vienne y mettre son grain de sel. Agréable et pénible à la fois.

Elle a le don lorsque je cuisine, par exemple, de me dire d'ajouter tel ou tel ingrédient, que j'aime cet ingrédient ou pas d'ailleurs. Cela lui est complètement égal, puisqu'elle a décidé que c'était ça qu'il fallait faire. Seulement, je ne cède évidemment pas toujours à ses idées et cela la frustre. Alors elle se met assise sur mon plan de travail et grogne que je ne sais pas ce qui est bon. Elle a peut-être raison d'ailleurs, mais c'est ma cuisine et mes idées. Et souvent pour dire vrai, quand je l'écoute et que j'ajoute ce qu'elle veut, c'est moins bon.

Quand je lui dis, cela la met en « colère » et moi ça me fait rire. Parce que je lui dis uniquement pour l'embêter et ça fonctionne à tous les coups. Elle semble vite frustrée que je n'agisse pas comme elle l'entend, je l'ai compris depuis longtemps. Je crois savoir d'où je tiens ce caractère têtu…

Elle est toutefois de merveilleux conseil. Elle me connaît très bien, mes réactions, mes sentiments, ma sensibilité. Elle me guide souvent en prenant soin de veiller à chaque paramètre pour me guider au mieux. J'ai parfois la sensation, qu'elle a tendance à me guider vers des personnes semblables à moi. Des personnes que je peux comprendre, et qui en retour me comprennent également. Parce que je fais toujours des rencontres bouleversantes, peu importe ce que cette relation m'apporte, négative, positive, cela est bouleversant.

J'apprends toujours des gens que je croise. Et si parfois, je demande à ma grand-mère pourquoi je suis aux côtés de telle ou telle personne, que je n'en comprends pas le sens, elle me dit que je le comprendrai un jour. Elle a toujours raison. On ne croise jamais quelqu'un par hasard. Peu importe la personne et le contenu de ce que nous vivons, cela n'est jamais pour rien. Marie-Lucie m'a permis de le comprendre tôt et c'est une vraie chance.

Parce que même si la personne que l'on croise n'a pas, à notre sens, une vraie influence sur notre vie, nous en avons peut-être une dans la sienne. Alors je m'applique à apporter beaucoup de bienveillance lorsque je croise quelqu'un dans ma vie. Parfois Mémère me dit que c'est trop. Que je suis bien trop gentille pour ce monde. Mais je m'en fiche, je suis.

Elle m'a appris à être dans l'authenticité, je le suis. Je respecte ce qu'elle me transmet pour comprendre sur moi-même.

Elle est barbante des fois, souvent. Elle est insistante et communicative, même quand je ne le souhaite pas. Elle est caractérielle et droite. Elle est ma grand-mère. Je lui serai éternellement reconnaissante d'être à mes côtés. Je ne sais pas pourquoi elle a décidé de m'accompagner, et je ne lui pose pas la question, mais ce que je sais, c'est qu'elle me protège chaque jour depuis son grand départ.

Elle est ma meilleure amie angélique. Elle sèche mes larmes quand je suis triste, et me regarde avec fierté quand je réussis quelque chose. Elle a le regard brillant quand elle me voit aider les autres avec ce don unique. Comme si j'étais son petit. Elle me guide, à sa manière, avec une force incroyable. C'était une femme courageuse, avec des valeurs qu'elle m'a transmises, je ne la remercierai jamais assez pour cela. J'ai cette chance de pouvoir être à ses côtés. Nous sommes comme deux vieilles âmes qui ne souhaitons pas se quitter.

Je suis fière de celle qu'elle a été, et fière de l'ange magnifique qu'elle est devenue.

Elle s'appelle Marie-Lucie et c'est ma grand-mère.

Elle est : TOUJOURS AVEC MOI…

PARTIE DE « CACHE-CACHE »

Quand nous vivons en tant que médium, avec les anges quotidiennement, et ce depuis toujours, il n'est pas toujours évident de savoir quoi en faire. Pourquoi ai-je ce don ? Pendant très longtemps, j'ai pensé que cela ne servirait à rien. Si ce n'est que d'être jugée, et souvent douloureusement. Les personnes qui ont su, appris, ou découvert que je suis médium n'ont pas toujours bien réagi, vous vous en doutez.

Mais avant de prononcer ce mot, médium, il y a du chemin... Avant de sentir une légitimité à porter ce nom, il m'a fallu beaucoup de temps.

***

- T'as peur ? me dit Juju.
- Non, bien sûr que non.

Je lui réponds presque sûre de moi.

Julie est une copine d'école primaire. Elle est assez lunatique, parce qu'un jour elle m'apprécie, puis le lendemain, elle fait comme si elle ne me connaissait pas.

Cela me fait mal au cœur, parce que je l'aime bien, moi Juju.

En plus, elle est belle, tellement belle. Elle a les yeux bleus, ses longs cheveux sont ondulés, et elle a toujours de beaux vêtements. Tout ce que j'aimerais avoir.

Elle est grande et toute fine, ça aussi, j'aimerais bien l'avoir, mais j'ai déjà conscience que mon corps est le mien, et qu'il faudra que je m'y fasse.

Je suis une petite fille de huit ans, ronde, brune, les cheveux assez courts, tout raides.

Ma peau couverte d'acné est différente de celle de mes camarades de l'école. Les garçons évidemment ne s'intéressent pas du tout à moi, cela va sans dire. Je m'y suis faite.

On n'est pas obligé d'aimer les gens, cependant il ne faut pas se sentir obligé de faire du mal à ceux que l'on n'apprécie pas.

Cette notion n'a malheureusement pas été comprise par l'intégralité des élèves de mon école. Ils ne m'aiment pas, et me pourrissent la vie.

- T'as quand même l'air d'avoir peur !
- Je te dis que j'ai pas peur ! Laisse-moi tranquille !

Je lui réponds me calant contre le mur de la pièce étroite où nous sommes cachées.

Une partie de cache-cache… Je déteste ça, parce qu'on me force à y jouer, et pour ne pas passer pour une poule mouillée, je joue.

Je sais que ces parties de jeu sont faites pour tenter de me faire peur. Mais je n'ai pas peur. Même si une fois, quelques camarades m'ont oubliée dans un placard. Volontairement évidemment, parce qu'ils ont bien dû voir qu'un moment, je manquais à l'appel. Alors j'étais sortie de là et avait boudé toute la journée.

Aujourd'hui, alors que Cyril était en train de compter, j'ai couru très vite et me suis faufilée dans un placard étroit où ça sent fort les produits d'entretien. Seulement Julie m'a suivie, et nous voilà donc toutes les deux enfermées dans le même endroit.

Je sens en elle, les palpitations et l'excitation d'être trouvée. Elle sautille sur elle-même, ce qui fait un bruit indéniable. Nous allons être trouvées en deux minutes avec ces petits sauts.

Je l'aime bien Juju, mais faut dire que parfois, elle réagit de manière bizarre avec moi. Elle dit souvent à qui veut bien l'entendre que je suis une fille étrange. C'est elle la fille bizarre, à jouer à me connaître, puis me voir comme une inconnue quand ses amis sont là.

Mon corps est collé au mur, et je reste silencieuse dans cette pièce sombre. Je distingue un peu le visage de mon amie, mais par-dessus tout, je sens l'énergie qu'elle dégage.

Dans un mouvement de coude, je fais tomber les balais qui se trouvent derrière moi. Merde, on va se faire repérer avec ça c'est sûr ! Et c'est sans surprise que quelques secondes plus tard, la porte du placard s'ouvre et que nous voyons apparaître, ce beau garçon qui fait battre mon cœur, Cyril.

- Trouvées ! crie le divin Cyril.

Mon corps se tend à sa vue, et mon cœur fait des bonds. Il est tellement beau. Il est plus grand que moi, les cheveux blonds toujours bien gominés, les yeux bleus perçants et un sourire large. Magnifique !

J'ai toujours craqué pour ce garçon, nous étions en maternelle ensemble, puis la primaire. Je l'ai toujours trouvé beau. Mais lui, il m'aime pas, puis je sais qu'il ne me trouve pas jolie. Il me dit souvent que je suis un boudin, il n'a pas trop tort. Alors lui avouer mes sentiments, non.

J'en ai parlé à Noémie, et, elle lui a dit, et cela m'a valu le foutage de gueule dans toute l'école. Audrey aime Cyril, lui, il préférerait sortir avec une vache ! avaient-ils crié. Depuis, je me fais toute petite.

- Oh non, c'est à cause d'elle, là, elle est tellement grosse qu'elle a fait tomber les balais cette cruche ! dit Julie.
- Pardon, dis-je la tête baissée.
- C'est à toi de compter jusqu'à cinquante puisque tu as perdu ! me dit Cyril.

J'ai envie de lui dire que Julie aussi a perdu, mais je m'abstiens. Je sais qu'il s'en fout, et que de toute façon elle ne voudra pas compter. Parce que Julie ne compte jamais.

Je me mets donc dans un angle de couloir de l'école, regarde le coin et me mets à compter, les entendant partir en courant.

- Un ! Deux ! Trois ! Quatre !
- T'as eu mal au cœur ?

Quand je tourne la tête, je vois mon frère Éric qui me regarde avec sa mine triste.

- De quoi tu parles ?
- De ce que t'a dit Julie !
- Oh non, j'ai l'habitude tu sais, mais des fois, elle est gentille, répondis-je à mon frère.
- Non, elle n'est pas gentille, ces mots ne le sont pas, et son comportement non plus. Pourquoi tu ne te défends pas ?
- Je sais pas ! Parce que je l'aime bien.
- Dix, onze, douze, treize, quatorze....
- Comment peux-tu aimer quelqu'un qui te parle comme ça et qui ne te respecte pas ?
- Éric, je suis en train de compter, et ça me dérange que tu me parles, désolée.

Et il se tait, tout en restant à mes côtés.

- Quarante-sept, quarante-huit, quarante-neuf, cinquante ! J'arrive !

Je m'élance dans le couloir, pour aller chercher mes camarades.

Mon frère sur mes talons, m'indique comme à son habitude l'emplacement de cachette de mes amis.

- Julie est cachée sous le bureau de la maîtresse de votre salle de classe et Cyril, lui, est sous le meuble où vous rangez vos cahiers dans le fond de la pièce.

Oui les parties de cache-cache ne sont pas la même quand nous sommes en lien avec les anges. Aucun suspense, ni recherches. Ne laissant aucune place à l'intuition.

J'ai l'habitude d'être aidée par les miens, lors de ce genre de jeu et ça me fait toujours sourire. Parce que je suis la seule à réussir à trouver les camarades en quelques secondes. Ça les laisse toujours dubitatifs et souvent en colère. Alors quand je les trouve quasi instantanément, ils soupirent tous les deux.

- Oh t'es chiante toi, on peut pas se cacher plus de deux minutes, tu nous trouves tout de suite, râle Cyril.
- La prochaine fois, faudra qu'on se cache mieux ! répond Julie.
- Non j'ai déjà essayé, je suis déjà allé me cacher dans une pièce où seule la maîtresse va, elle m'a trouvé tout de suite. C'est le diable cette fille !

Ma tête se baisse, et puis je regarde brièvement mon frère ange, je lui en veux de m'avoir dit où étaient cachés mes amis.

- Le diable ou une sorcière ! rit Julie

Cyril lui, rit aux éclats. Ça me fait tellement mal dans mon cœur. Son rire m'envoie comme une onde qui me ferme instantanément dans la tristesse.

- Comment tu fais pour nous trouver aussi vite ? me demande Cyril. Tu vas encore nous dire que tu es aidée par tes anges ? Hein ? soupire le beau blond qui fait battre mon bout de cœur.
- Oui, lui dis-je honnêtement.
- Oui quoi ? Tu vas encore nous faire croire que tu vois les morts ? C'est stupide ! T'es stupide ! On y croit pas à tes conneries. T'es juste folle Audrey, folle !! hurle le jeune homme.

Je me défends sans les regarder.

- Non je suis pas folle, je suis pas comme vous c'est tout !

- Non t'es folle c'est tout. On veut plus que tu joues avec nous, t'es trop bizarre ! exprime Julie.

- Je dirai à la maîtresse que tu es une élève qui faut enlever de cette école, tu portes malheur ! Je ne veux plus jouer avec toi non plus. Et tu devrais partir de cette école. Pour qu'on ne te voit plus jamais. Si tu pouvais mourir ce serait mieux. Parce que tu fais peur, t'es une sorcière à toujours parler de tes morts. Tu apporteras que des malheurs aux gens à qui tu parles, me dit Cyril.

- Mais… je ne porte pas malheur, et puis ce ne sont pas des morts, mais des anges, lui rétorquais-je, les larmes dans les yeux.

- Quoi que ce soit Audrey, t'es folle. Tu mens pour faire ton intéressante, mais t'es juste nulle c'est tout.

Voilà qui me cloue sur place. Je suis sous le choc de leurs mots violents.
Je les vois s'éloigner tous les deux, comme des meilleurs amis bras-dessus, bras-dessous. Moi, je reste là dans le couloir, chagrinée.

Alors je m'installe, assise au sol, les genoux remontés sur ma poitrine. Mes larmes s'accumulent dans mes yeux.

Mes anges, Éric, et Mémère s'installent eux aussi, à mes côtés. Je ne veux même pas les regarder. Je les déteste !

À cause d'eux, les gens ne m'aiment pas, ils me détestent même. Ils pensent tous que je suis folle, ou une menteuse.

Mais je ne suis pas une menteuse ! Je dis juste ce que je vois. Je ne souhaite faire peur à personne. Je suis juste comme ça, et mon « comme ça » dérange tout le monde. Je ne trouve jamais ma place, je n'ai pas d'amis.

Dois-je leur mentir, en ne disant jamais ce que je vois ? C'est ça être amis ? Ne rien dire de ce que nous sommes, pour leur plaire ? Je n'arriverai pas, je crois.

Les questions tournent encore dans ma tête et je sais d'avance que cela occupera toute ma journée. C'est encore des heures de classe, où je n'écouterai pas ce que la maîtresse me dit. Parce que je serai ailleurs … Encore. Ce qui ne fait, je le sais, qu'alimenter la bizarrerie dans laquelle je suis déjà. « Audrey est ailleurs, Audrey n'écoute rien, Audrey parle toute seule ».

- Tu ressens quoi ? me dit ma grand-mère.
- Je me sens seule c'est tout.
- On est là nous ! me répond mon frère calant sa tête sur mon épaule.
- Oui et dès que vous êtes là, les gens s'en vont. J'en ai marre que vous soyez là, j'ai pas demandé à vous voir moi. À chaque fois que vous êtes avec moi, j'ai des ennuis. Mes amis prennent peur. Pourquoi vous restez avec moi ?
- On te protège et on te guide. Il faudra un jour que tu comprennes que ce don, tu vas pouvoir l'exploiter encore plus. Et puis aider les personnes qui en ont besoin, c'est magnifique. Même si tu es encore jeune pour comprendre tout ça, tu verras qu'un jour cela te servira. Fais-nous confiance, me disent-ils.
- Confiance ? Non je ne vous fais pas confiance. C'est un don de crotte, si cela doit m'empêcher d'avoir des amis, alors je ne veux plus de vous !
- Est-ce nous qui venons de te critiquer ? D'être insultants ? Réfléchis avant de répondre, Audrey. Nous, nous t'aidons tous les jours à voir clair. Ceux qui te critiquent, ce sont tes amis. Et parce qu'ils te critiquent, je t'apprends que ce ne sont pas de véritables amis. Alors choisis ton camp. Tu sais, ton don est incroyable, tu as beaucoup de chance, sers-t'en. Mets-le à profit

des personnes qui t'entourent, et ceux qui ne comprennent pas et jugent, écarte-t'en.

- Mais je vais être tout le temps toute seule si je fais ça. Personne ne me croit !

- Tu attends quoi de ce don ? Qu'on te croit ? Tu penses vraiment que si la vie t'a donné cela, c'est uniquement pour que les gens te croient ? Vraiment Audrey ? m'interroge Éric.

Je baisse la tête, ne sachant pas quoi répondre.

Alors ma grand-mère me dit :

- Tu as ce don pour aider les autres. Pas pour que les gens te croient. S'ils n'adhèrent pas à cela, c'est leur choix, ils se rendront bien compte lors du grand voyage, que tout cela est bien réel. Mais c'est leur problème, pas le tien. Tu n'as pas à prouver à qui que ce soit, quoi que ce soit. Tu es ! Simplement. Crois-tu vraiment qu'une personne doive se battre pour faire croire à une autre qu'elle est blonde ? Qu'elle est grande ou petite ? Non bien-sûr que non, tu es médium Audrey. Point.

Cette fois, Mémère semble en colère. Même si je sais que cela n'est pas véritablement ce sentiment précis, mais le ton de sa voix m'interpelle. Elle me passe un message fort, et je l'entends, je le comprends.

Je reste cependant muette. Mon frère me regarde intensément, et je le sens en parfaite harmonie avec ma grand-mère. Comme d'habitude.

Le message est clair. Je suis Audrey et je suis médium.

CULPABILITÉ

Je viens de fêter mes 11 ans, et lors d'une journée banale à l'école primaire, nous jouons tous dans la cour. Ce jour-là, je sens mon ventre se tordre. Mes anges m'informent de me tenir à l'écart de la clôture de la cour, qu'un danger est imminent. Et puis, sans trop me préoccuper de mes camarades, écoutant toujours les anges qui m'entourent, je vais instinctivement à l'abri, sous le préau de mon école. Je me place en sécurité d'un danger que personne d'autre ne pressent.

Une fois arrivée sous le préau bétonné, un mal de tête me prend soudainement, puis un flash inattendu se produit dans mes yeux. Une scène violente se glisse sous mes paupières fermées : un camarade à moi va se faire tuer par un homme. Je n'explique pas pourquoi je sens cela en moi, et je ne peux rien empêcher. J'ai pourtant l'impression de hurler de toutes mes forces mais aucun sons ne sort de ma bouche. Je vois que mon ami va aller récupérer son ballon près de la clôture de la cour d'école, là où il joue au foot avec ses amis. L'assassin, sur une mobylette, sortira un marteau de son sac et frappera sa tête à sept reprises. C'est comme une vision. Et bien sûr, sur l'instant, je me dis que je suis folle de penser à de telles horreurs. Je suis simplement abasourdie de ressentir cela pour la première fois. Que vient-il de se passer ?

Je sais, sans aucune prétention, qu'il est mort en cet instant. Que le flash que je perçois se déroule en même temps que ce tragique événement. Que je vis un échec de nouveau, car ce sentiment de culpabilité ne me quitte pas. Je n'ai rien pu faire…

Quand nos maîtresses nous font entrer dans le bâtiment pour nous maintenir en sécurité, je sens l'énergie de la mort près de moi, comme si elle était venue emmener mon ami et passait me dire au revoir. Puis, je sais qu' elle vient de toucher l'un de mes amis, Julien. Je comprends qu'il va devenir, comme beaucoup, un ami ange bientôt. Ça me rend tellement triste…

Lorsque j'exprime à ma maîtresse que je sais que notre ami vient de mourir, elle me dit que je me fais des idées, que tout est sous contrôle et que notre camarade va bien. Je ne peux pas m'empêcher de douter de sa parole lorsque je vois un hélicoptère se poser dans le champ juste en face des grandes fenêtres de notre classe. Il y a des médecins chargés de grosses valises qui courent vers un corps sans vie couvert de sang, devant la grille de l'école.

Nous apprenons le lendemain que Julien est mort sous les coups de son agresseur. Il est mort sur le coup et les médecins n'ont rien pu faire pour le sauver. La peine m'assaille, plus réaliste que la veille. Je suis dévastée d'avoir perdu mon ami.

C'est déroutant ce chagrin de perdre un ami, et cet apaisement de savoir que je vais le revoir, que je serai la seule à pouvoir lui parler de nouveau.

Le soir de la mort de mon ami Julien, comme à mon habitude après le repas, je m'allonge dans le noir sur mon lit et me met à parler aux anges qui m'entourent. J'aime leur dire que ce n'est pas facile de ne pas être acceptée par les autres. D'être jugée en permanence. Mémère pourtant m'explique que ce sont eux qui n'ont pas compris l'importance du non-jugement, mais qu'un jour, peut-être ils comprendront. Cela ne me console pas. J'ai du chagrin tout de même, et puis je ne comprends pas toujours tout ce qu'elle me dit Mémère. Des fois, elle a des mots compliqués mais je fais mine de les comprendre, notant dans ma tête qu'un jour je serai adulte et que cela fera sens.

Suite au départ de mon ami, les classes ont fermé. Les professeurs ont même dit à nos parents de nous garder à la maison, et que si on voulait voir un docteur pour parler de ce que l'on ressent, il fallait le faire. C'est des bêtises tout ça. Comment un docteur pourrait comprendre ce que je vis ? Comment un médecin pourrait ne pas juger ce que je ressens ?

N'empêche, je sais que dans quelques semaines, je regagnerai le chemin de l'école le cœur lourd. Parce qu'aucun médecin ne pourra ramener mon ami. Personne ne pourra apaiser ma culpabilité d'avoir vécu sa mort en même temps que lui et de ne rien avoir pu faire. Personne.

Alors je me tourne sur le côté, et regarde les beaux yeux de Julien, qui est face à moi.

Il pose sa main sur mon épaule et me dit :

- Ne t'inquiète pas, je ne te juge pas moi. C'était écrit comme ça, tu n'aurais rien pu changer. Amis pour toujours ?
- Amis pour toujours.

Quelques semaines plus tard, Julien arrive dans ma classe sous une autre forme… Je suis si contente de le voir. Je me réjouis de voir son visage angélique. Il vient me rendre visite de temps en temps au cœur de cette petite école. Et quand il me parle, c'est à propos de la douleur de sa maman qu'il ne peut désespérément pas soulager.

Mon ami Julien ne comprend pas pourquoi sa mère souffre autant de son absence. Comme il m'explique, après tout, lui va bien, lui ne souffre pas. Il me dit qu'il aimerait que sa maman cesse de pleurer, et j'ai du mal à lui faire comprendre que ce sentiment est humain. Quand on aime quelqu'un et qu'on le perd, ça fait mal à l'âme et dans le cœur.

Je passe des heures à l'écouter, au lieu de prendre note de mes cours. Je suis la mauvaise élève de l'école, mais j'ai tellement de perturbations avec tous ces anges autour de moi. Je ne peux pas me concentrer à la fois sur mes leçons et sur ce que les anges me disent. Ça me demande beaucoup d'énergie de communiquer avec eux sans être vue de mes camarades et des maîtresses. Et ça se ressent à travers mes résultats. Mais cela vaut bien tous les plus mauvais résultats du monde, tant que je peux parler de nouveau à mon ami, Julien. Mes professeurs aiment dire que je suis une enfant dissipée, que j'ai la tête dans les nuages.

S'ils savaient à quel point c'est le cas…

***

Je n'ai eu que très peu d'amis durant ma scolarité. En effet, je n'étais pas la plus appréciée. Je n'ai jamais connu autre chose que les insultes, les moqueries durant ces années, et ce n'est pas grave.

Cela a tout de même son importance, car cette jeune fille solitaire et blessée a fait du chemin depuis. Sans cette enfant que j'étais, je ne serais pas la femme que je suis aujourd'hui.

Les personnes de mon enfance me qualifiaient d'étrange, de mystique, de curieuse. Je ne me suis jamais sentie comme telle. J'avais conscience de percevoir et de savoir des choses que d'autres ne savaient pas. Toutefois, je n'ai jamais tiré avantage à cela. Je ne me suis jamais servie de mon « don » contre quelqu'un. Au contraire, déjà petite, j'essayais de prévenir d'un danger, d'une douleur, d'un choc. Mais les personnes croisant ma vie me pensaient dingue. Alors, je les regardais tomber, et me précipitait vers eux pour les aider. Pourtant, souvent, on ne prenait pas la main que je tendais.

Cela faisait désordre d'apprécier une folle.

Moi, je faisais avec. J'étais comme ça : différente.

On me qualifiait ainsi et je faisais avec, parce que je savais que je l'étais.

JAVA

- Tu peux descendre à la cave chercher du lait, Audrey ?

Du haut de mes 12 ans, cela est une vraie mission de taille, aller chercher du lait. Les caves ne m'ont jamais fait peur, parce que j'ai constaté depuis longtemps que les esprits grands méchants n'étaient pas cachés dans les caves pour nous faire peur, non les vrais grands méchants étaient bien réels dans nos vies au quotidien. Je me suis toujours dit qu'il ne fallait pas avoir peur des morts, mais bien de ceux qui sont vivants. Alors en soi, aller à la cave ne pose aucun problème, par contre de sortir de ma chambre - mon univers - pour braver le froid de cette cave (car oui, à 12 ans nous savons tous que sortir de notre zone de confort devient une mission) ne m'enchante pas. Cependant, je descends lourdement les escaliers qui me séparent de la salle commune pour croiser le regard de ma mère qui semble attendre une réponse. Son sourcil levé n'en fait aucun doute.

- J'y vais, répondis-je à ma mère sans dynamisme.

C'est tout de même incroyable, elle est plus proche que moi de la cave, mais elle me fait déplacer de l'étage pour aller lui chercher du lait qui rappelons-le, ne fait pas parti de mes besoins imminents. Eh oui j'ai 12 ans.

Quand ma main se pose sur la poignée de la porte menant au sous-sol, une sensation de picotement longe ma colonne

48

vertébrale. Cette perception donne toujours lieu à des trucs bizarres. J'entends par bizarre, des anges qui viennent me parler chez moi, que je n'ai jamais vus au préalable, et qui me demandent toujours de les aider. J'ai beau leur expliquer que je ne peux hélas pas aider tout le monde, et que je ne peux malheureusement pas rentrer dans la vie de gens que je ne connais pas, les anges sont toujours insistants, me disant que c'est mon chemin de vie. Je m'arrête dans cette sensation quelques secondes avant de franchir la porte du sous-sol. Quand je descends les deux premières marches, les frissons gagnent tout mon corps cette fois. Et puis j'entends une voix. Mais ne vois rien du tout. Alors si vous vous demandez, il y a bien de la lumière dans ce sous-sol, je ne descends pas avec des bougies ou une lanterne, non non, la luminosité est à son comble, puisque j'ai allumé l'interrupteur, mais j'ai tout de même l'impression qu'il n'est pas tout à fait normal d'entendre une voix que je ne connais pas et de ne rien voir. Si un ange était là, il se serait présenté.

Il fait froid ici, et il n'y a aucun coin où je peux m'installer sans que ce ne se soit désagréable.

Ok, on s'arrête un instant sur ce qui se passe là ? Cette voix n'est pas la mienne, je ne sens pas de présence angélique dans cet endroit. Je ne vois toujours rien, et pourtant cette voix est bien réelle. Mon cœur fait des bonds. J'avance doucement pour entrer dans le garage, pièce qui se situe juste avant la cave. Je racle ma gorge.

- Euh, il y a quelqu'un ? dis-je fébrilement.
- Oh ben oui, il y a quelqu'un, oui bien sûr, me répond la voix.
- Euh, ok, qui que vous soyez, vous n'avez rien à faire ici, répondis-je plus fermement.

Cette fois j'entends un bruit de froissement qui emplit la pièce de plus en plus. Un mouvement. Quelqu'un est dans cette cave, c'est certain.

- Tu vas finir par m'ouvrir ou tu vas me laisser mourir ici ? » dit la voix sans colère.

Bizarrement j'hésite. Je me dis que cela pourrait être une solution. Si cette personne me veut du mal autant la laisser ici finir ses jours. Je l'envisage, sérieusement. Je n'ai aucun courage. Le mouvement de mon cœur dans ma poitrine me fait presque mal, mes oreilles émettent le son de mon flux sanguin. Courage Audrey, courage.

Je pose finalement la main sur la poignée de la porte de la cave et décide de l'ouvrir doucement. Le bruit derrière cette porte devient plus intense, c'est comme si je pouvais sentir l'excitation de la personne juste derrière se réveiller. Quand j'ouvre celle-ci en grand, je n'entends plus rien. Un vrai film d'horreur cette histoire.

Je sens soudainement une énergie incroyable se déplacer vers moi à une vitesse dont je ne perçois pas la mesure. Une boule noire passe devant mes yeux, et je me sens projeter au sol avec violence, on m'écrase mon petit corps. Ma dernière heure est venue, dites à ma famille que je les aimais beaucoup. Quand je sens mon visage mouillé, je pense d'abord que je pleure mais quand j'ouvre les yeux, je ne vois qu'un museau, deux grandes oreilles blanches et noires, une langue pendante et une haleine des plus affreuses me titiller les narines. Quand je me rends enfin compte que c'est un chien, qu'il ne me veut - a priori - aucun mal, mon cœur s'apaise instantanément. Comme par réflexe j'enlace le chien, qui comme pour me dire bonjour, me lèche le visage. Son énergie et la mienne fusionnent sur le champ. Je ne sais pas ce que ce chien fait là, mais je me dis tout de suite que nous sommes deux âmes liées. Que fait ce chien dans la cave ? Depuis combien de temps est-il là ? Le chien secoue sa queue tellement fort que son bassin bouge de gauche à droite vivement. Toujours assise, je prends sa bouille dans mes mains pour regarder ses yeux, et derrière une touffe de poils qui lui cache bizarrement, je vois bien au-delà de son doux regard, une âme bouleversante.

- Oh je vois que vous avez fait connaissance, me dit la voix de ma mère derrière nous.
- Mais maman, qui est ce chien, et que fait-il là ? lui dis-je en me redressant malgré la joie du gros chiot qui me monte dessus.
- C'est notre chien, elle s'appelle Java, elle a neuf mois, nous l'avons récupérée à la SPA, la pauvre se faisait battre, et je l'ai trouvée douce et jolie, alors je me suis dit que peut être cela te plairait d'avoir Java dans ta vie.

Je saute de joie, Java aussi, et je remercie maman dans une étreinte douce. Je remonte les marches menant à la pièce commune avec Java à mes trousses, et monte directement dans ma chambre, toujours en compagnie de mon chien. J'en ai complètement oublié la bouteille de lait, peut-être, sûrement, était-ce une excuse pour me permettre de découvrir cette merveille à poils longs ! Je fais entrer Java dans ma chambre et entends déjà ma mère en bas me dire « Audrey, pas de chien dans les chambres ! ».

Je sais d'avance que cela sera impossible. Nous avons fusionné tout de suite et il est hors de question de ne pas passer la plupart de mon temps avec Java. Même la nuit. Donc nous allons ruser elle et moi mais trouverons des solutions.

Je m'assois sur mon lit et vois Java à mes pieds, assise, sa queue remuant de gauche à droite. Mon regard trouve le sien. Et puis comme par enchantement, je l'entends me parler.

- Tu es ma nouvelle famille ?
- Oui, je suis ta famille, parle-moi de toi, d'où tu viens ? lui répondis-je en la caressant la tête, émue de cet échange.

Ce n'est pas la première fois que je parle avec un animal, alors je ne suis pas surprise de pouvoir le faire. Et à cet instant je sais qu'une grande amitié, si ce n'est la plus belle est en train de prendre naissance. Alors je prends le temps de m'installer face à elle, par terre et de l'écouter.

- Oh tu sais, je suis petite, mais je n'ai pas eu une bonne famille avant, c'était des gens violents avec moi. Le bruit trop fort me fait peur, je n'aime pas les cris, et j'adore ton parfum.

Sa bouille d'amour me cueille, son pelage est long, une mèche rebelle tombe sur ses yeux. Ses pattes épaisses devant sont différentes, une blanche, l'autre noire. C'est un chien qui malgré ses neuf mois est assez haut. Je prends le temps de lui faire des papouilles et m'aperçoit que les caresses derrière l'oreille semblent agréables pour elle. Je pose mon nez sur sa truffe, la sent. Elle lape mon visage d'un grand coup de langue. Je grimace et essuie la bave du revers de la main Oh mon dieu beurk.

Son poil est aussi doux que du coton, et juste à cet instant j'ai envie de m'allonger près d'elle et de lui parler de ce que nous avons traversé toutes les deux, alors je pose mon corps près du sien et je lui dis :

- Java, enchantée, moi c'est Audrey. Tu veux bien être ma meilleure amie ? »

Pour toute réponse elle pose sa tête sur mon épaule, je crois que ça veut dire oui.

***

Java est définitivement ma meilleure amie, nous partageons l'essentiel de nos journées ensemble, sauf quand je dois aller à l'école et cela est toujours un déchirement pour nous deux. Elle pleure de longues heures derrière la grille de notre maison à attendre mon retour. Et de mon côté, j'ai plusieurs fois dans la journée une pensée pour elle, car je sais qu'elle m'attend.

Quand je rentre du collège, nous aimons nous retrouver sur le haut des marches des escaliers du perron de la maison pour discuter pendant des heures parfois. Nous sommes isolées du monde du jugement, où une enfant ne passe pas pour une folle quand elle parle à son chien, et pire entend ses réponses, et peut entretenir avec lui une discussion des plus sérieuses.

Je lui raconte mes journées ainsi que mes douleurs au sein de celles-ci, car je vis beaucoup de harcèlement scolaire dans ce foutu collège. Je ne me sens pas comprise, et souffre beaucoup sans oser le verbaliser. Alors j'aime beaucoup en parler à Java, elle me comprend, ne me juge jamais.

Le soir, lors des repas, Java doit regagner son panier, car selon maman, pas de chien quand nous sommes à table. Si elle savait... J'aime lui donner la moitié de mes assiettes, simulant que je n'ai plus faim pour permettre à Java de manger la même chose que moi. J'attends que maman ait le dos tourné pour appeler Java et lui donner une partie de mon plat. Parfois Maman ne voit rien, et parfois on se fait gronder. Mais c'est pas grave, je veux que mon amie goûte les mêmes choses que moi.

Quand ma mère m'autorise à regarder la télévision avec elle le soir, Java doit rester dans son panier, car pas de chien dans le salon. Je me demande pourquoi avoir un chien si c'est pour qu'il ne puisse pas vivre avec sa famille. Alors je pense à elle du canapé où je suis, et je crois qu'elle le sent, puisque je la vois venir doucement, délicatement en rampant vers le salon. Elle s'arrête à la limite d'être vue par Maman, mais moi je la vois, cela me rassure et puis elle aussi.

La nuit bien sûr, je laisse ma porte de chambre ouverte, mon amie reste en bas dans son panier bien tranquille et quand tout le monde est endormi, elle monte doucement les marches de l'escalier en bois pour me rejoindre. Elle pense être discrète mais en vérité elle ne l'est pas du tout. On s'en fiche, Maman n'entend pas, et moi j'ai toujours beaucoup de bonheur à ouvrir le pan de ma couette pour lui permettre de dormir contre moi au chaud. Parfois nous parlons pendant des heures. De mes peurs, elle me rassure, me dit tout le temps qu'elle me protège et qu'elle ne permettra à personne de me faire de mal tant qu'elle sera là. Alors c'est l'âme plus légère que je pars à l'école les matins, même si je suis dans l'obligation de la quitter et de malheureusement l'entendre hurler derrière la grille son chagrin de me voir partir. C'est bouleversant. Il m'est même arrivé de sécher les cours pour rester avec elle. Java m'a dit que ce n'était pas bien, mais saute de joie à chaque fois tout de même.

L'arrêt de bus permettant à mon bus de venir me chercher pour m'emmener en cours n'est pas très loin de ma maison, et c'est souvent le cœur lourd que je me sens obligée de monter dedans.
Nous passons devant ma maison et j'ai toujours un regard pour elle, mon amie, Java.

Ce matin dans le transport scolaire, les garçons du fond du véhicule semblent bien agités. Ils hurlent comme des débiles, je tente de ne pas m'en préoccuper mais quand j'entends :

- Merde, y'a un chien qui court après le bus, je me fige.

Instinctivement je sais que c'est elle, alors je me précipite à l'arrière du car et constate que Java met toute son énergie à rattraper l'autobus. J'ai peur d'abord, ensuite je me demande pourquoi elle fait ça, mais elle ne lâche rien et finit devant la porte du bus qui s'ouvre quand nous arrivons devant le collège. Quand je descends les dernières marches, elle me saute dessus heureuse de me retrouver. Je m'accroupis en entendant déjà les gens râler autour de moi qu'il n'y a qu'à moi que ça arrive, qu'un chien suive un bus. Je m'accroupis et serre mon chien dans les bras, contente de la savoir en sécurité même si elle est essoufflée.

- Pourquoi tu as fait ça mon dieu, c'est dangereux de courir après un véhicule Java, tu pourrais te faire faucher. Je ne peux pas te ramener à la maison, faudrait que j'appelle Maman, je vais demander aux surveillants s'ils peuvent l'appeler pour qu'elle vienne te rechercher, mais pourquoi as-tu fait ça ?

Elle me regarde avec des yeux ronds bouleversants et me dit :

- Pour être près de toi. N'appelle pas ta maman, laisse-moi être proche de toi, je t'attendrai ici dans la cour, je profiterai de certaines caresses des uns des autres et nous repartirons ensemble après l'école, ce qui t'obligera à rentrer à pied.

Je sais que je ne peux pas négocier quoi que ce soit, c'est une mule presque autant que moi. Elle restera donc aujourd'hui avec moi, juste une fois.

Et depuis ce jour-là, chaque jour d'école, Java suit le bus qui m'y mène, et chaque jour elle attend sagement dans la cour que je finisse ma journée. À chaque pause, je vais lui apporter de l'eau, des caresses, et j'ai pris pour habitude maintenant de prendre moins de livres dans mon sac pour y mettre à la place de la nourriture pour elle.

Maman a évidemment remarqué que Java s'absente la journée, puisqu'elle la cherche partout, sans jamais la trouver. Elle me voit arriver avec Java chaque jour à pied au retour de l'école. J'imagine qu'elle a dû deviner que Java était avec moi, même si elle ne m'en a jamais véritablement parlé. C'est le coin de lèvre relevée qu'elle nous voit rentrer épuisées de notre journée. Notre petit goûter se fait sur le haut des marches du devant de la maison comme à notre habitude, où nous échangeons nos petites confidences. Quand je suis triste alors je m'installe contre son épaule et je pleure parfois de très longues minutes. Java pose sa tête sur la mienne en me disant toujours : *Les choses s'arrangeront tu peux me croire.*

Et je la crois.

Mon chagrin est notable, je suis une enfant issue d'un amour très certainement fort, cependant j'ai des parents divorcés et depuis cette douloureuse déchirure, mon cœur semble fissuré en deux. Mon chien le sait puisqu'elle me ressent, et comprend mes émotions. Mon père me manque, je le vois bien trop peu à mon goût mais je pense qu'il a fait des choix de vie ne lui permettant pas de prendre soin de moi plus d'un week-end sur deux, au mieux. J'aime me confier sur mes frustrations familiales, Java ne juge rien, et passe son temps à me rassurer. Quand Maman reçoit des invités à la maison, nous nous isolons toutes les deux, préférant rester dans ma chambre même si je sais que mon amie n'a pas le droit d'y rentrer, mais je m'en fiche, Maman ne voit rien de toute façon, trop occupée à prendre soin de ses amis venus lui rendre visite.

***

L'hiver suivant, quand j'ouvre la porte d'entrée de la maison, je constate que la neige est tombée toute la nuit, c'est incroyable d'en voir autant. Je vais réveiller Java qui dort dans son panier, et lui dis que je vais lui faire voir un miracle. Elle est tout de suite joyeuse à l'idée de me suivre, mais surtout très curieuse de savoir ce que je lui raconte. J'entends dans mon dos, le son de ses griffes sur le sol et cela me met instantanément le sourire. Elle me suivrait partout, peu importe, tant que nous sommes toutes les deux. Alors quand elle constate, sous le choc, la neige immaculée à l'extérieur, elle relève la tête vers moi, les yeux ronds et me dit :

- C'est quoi ce truc ?

Je la vois renifler le bord de neige au sol. Je shoote dedans pour voir la poudre blanche voler en éclats. Java fait un bond en arrière, ce qui me fait éclater de rire.

- C'est de la neige, ça vient du ciel. C'est inoffensif, juste froid, très froid. C'est comme de l'eau solide, mais de l'eau glacée. Viens !

Je l'invite à me suivre en courant dans la neige. Elle reste à sa place en m'observant dubitative.

- Viens je te dis ! Tu risques rien ! »

Je la vois prendre son élan pour sauter sur elle-même avec ses deux pattes de devant jointes, ce qui ne fait qu'accentuer ma joie, et quand je vois qu'elle prend conscience que cette neige ne lui fera définitivement pas de mal, alors elle court dedans me rejoignant dans le jardin. Nous passons des heures à jouer, moi à lui lancer des boules de neige, elle à la chasser et à courir comme une folle dans l'enclos.

Nous rentrons à la maison, trempées, mais joyeuses d'avoir partagé ce moment encore inconnu pour elle. Même si Maman râle de voir le sol couvert d'eau, nous nous regardons avec Java, heureuses de ce moment.

Le soir venu, quand je m'installe seule à mon bureau dans ma chambre pour faire quelques devoirs, Éric mon jumeau ange s'installe à côté de moi et me regarde travailler. Je suis sur un exercice de mathématiques, ce n'est vraiment pas ma tasse de thé tous ces chiffres, alors je me surprends à rêvasser de ce que la vie pourra un jour m'offrir. Et ce qui me vient en tête n'a rien de très joli comme perspective de vie. Je n'ai que douze ans, un sentiment de solitude intérieur profond, le constat d'une sœur Alexandra déjà partie de la maison, qui construit sa vie, des parents divorcés trop occupés pour percevoir ma détresse, des anges autour de moi que personne ne voit, et je subis un jugement quotidien sur mon corps, ma tête, et mes dons auxquels aucun humain ne croit. La petite fille que je suis, a besoin d'être aimée, inconditionnellement, d'être respectée, d'être vue. La seule qui me voit comme je suis c'est Java. Cet être de lumière qui m'a été envoyé et avec qui je me sens en sécurité. C'est un sentiment tout nouveau pour moi. La sécurité ne fait malheureusement pas partie de ma construction, et elle me l'apporte. Je sais qu'elle m'écoute, et me rassure. Oui, bien entendu, les anges qui m'entourent m'aident, mais je n'ose même plus communiquer avec eux, de peur de passer pour une dingue. Vous me direz je parle bien à mon chien, mais c'est plus commun, beaucoup parlent à leur chien. Et puis je me sens si mal dans ma peau, j'ai même pensé à me couper le ventre avec un couteau pour maigrir, les autres me verraient peut-être enfin…

- Oh oh oh, à quoi tu penses ? m'interroge mon jumeau, me faisant sortir de ma rêverie.
- Quoi ? lui répondis-je en secouant légèrement la tête.
- Tu penses à des choses pas cool, j'aime pas. Parle-moi, tu sais que je suis là, me dit Éric se voulant rassurant.
- Oui je sais que tu es là, merci je te vois, je vous vois tous, et j'en ai ras le bol de vous voir !
J'hurle sur mon frère
- Et moi ? Hein ? Qui me voit ?

Je fixe mon frère dans les yeux, je ravale la boule coincée dans ma gorge, me forçant à ne pas éclater en sanglots.

- Moi je te vois, moi je te ressens, et nous sommes beaucoup à te voir.
- Quoi ? Des anges ? Super je suis ravie et j'en fais quoi moi de tout ça Éric, hein j'en fais quoi ?

Je lui crache ma rage.

Il se met debout devant moi, prenant une hauteur, qui, de là où je suis, pourrait me donner le vertige. Son énergie se modifie. Les anges sont rarement en colère mais là, à cet instant, je crois qu'il l'est.

- Tu as un don incroyable, tu es une âme incroyable, tu as des choses à faire, à vivre Audrey. Tu ne peux pas baisser les bras. Tu ne peux pas rester dans le silence non plus alors parle à Maman, à Papa, à notre sœur…

Je l'interromps.

- Fais pas ça, ne me dis pas ce que je dois faire. Tu es mort Éric, je suis en vie, tu ne connais pas la douleur, moi si, alors surtout ne me dis pas ce que je dois faire !

Je ne décolère pas, un volcan en moi se réveille, j'aimerais tellement pouvoir hurler tout ça et le jeter loin de moi, me sentir écoutée par quelqu'un d'autre que quelqu'un de mort. Je lui demande de sortir de ma chambre en lui montrant la porte du doigt.

- Dehors !

Mon frère sort de mon antre Au même moment, Java pousse la porte de sa truffe et vient s'installer sur mon lit. Je suis encore folle de rage et elle le sait, mais elle se couche sur ma couette, le regard tourné vers moi assise à mon bureau. Je m'en veux instantanément d'avoir chassé Éric. Terriblement.

Un sentiment de culpabilité me prend dans le fond de mon ventre, j'ai été odieuse. Je suis odieuse, on me le dit souvent. Hideuse aussi, ça aussi on me le répète en boucle.
Je prends la copie double de mon devoir de mathématiques inachevée et la retourne. La feuille blanche au dos me permet d'écrire au feutre noir.

Je suis différente, je suis fatiguée.
Je souffre en moi, je souffre sur mon corps.
Je manque d'amour, et je n'arrive pas à vivre sans.
Pardonnez-moi.
Je vous aime.

Je souhaite mourir, et à cet instant, je ne vois que ça. La mort. Aucune solution n'est foutue de venir à moi, cela tourne dans ma tête. Je m'interroge sur la manière de me donner la mort. Je pense à ma famille, il faut quelque chose de propre pour ne pas les choquer et enfin je deviendrai ange, je pourrais être aimée inconditionnellement, je manquerai à quelqu'un et mon absence montrera la présence que j'ai eu auprès d'eux. Je dois mourir, c'est ma mission.
La truffe de Java me bouscule le coude posé sur mon bureau. Les larmes coulent sur mes joues, je me retourne face à elle, silencieuse. Les mots me manquent mais elle sait ce que je pense et je vois dans son regard le chagrin de me savoir si triste.

- Tu vas pas faire ça hein ? me demande-t-elle en penchant la tête.
- Je suis fatiguée Java, je me sens si seule.

Je pose ma main sur sa tête pour la caresser, les yeux humides.

- Je suis là moi, et même si tu as trop mal pour le voir, je suis là, me dit-elle en posant sa bouille sur mes genoux.

Je me glisse sur le sol pour m'allonger contre elle. Ce soir-là, je ne descendrai pas manger, de toute façon Maman n'est pas là, mais je dormirai à même le sol contre ma seule amie Java. Non pas que la vie soit plus jolie quelques mois plus tard, mais je réussis à trouver chaque jour un peu de positif avec ma seule et unique confidente. Nous passons un temps incroyable ensemble.

Elle m'accompagne quasiment chaque jour à l'école, même si je lui dis à chaque fois, de m'attendre sagement à la maison. Une partie de moi a peur pour elle, l'autre est tout de même très contente de savoir qu'elle est devenue la mascotte du collège. Elle le mérite tellement. Les gens dans la cour viennent lui donner à boire, des friandises et beaucoup de caresses. Elle aime ça Java. C'est une source d'amour intarissable. Elle donne et reçoit sans compter. Pour ne rien gâcher, elle est magnifique. Une peluche toute douce, câline. Les collégiens l'adorent et la réclame quand elle ne vient pas. Même le CPE du collège a disposé une gamelle, « au cas où » Java passerait. Cela me fait sourire, et je suis fière, très fière d'elle.

Ce matin, j'insiste auprès de Java pour qu'elle reste au chaud, qu'elle m'attende sagement à la maison. Java a accès à l'intérieur comme à l'extérieur, elle peut entrer et sortir de la maison à sa guise, grâce à une porte menant à l'intérieur. Cependant, de rester ici, sans moi, je sais que cela la contrarie, mais dehors il fait trois degrés tout au plus, elle est tout de même mieux à traîner dans un endroit sec et chaud que d'attendre dans une cour que je puisse sortir pour prendre soin d'elle. Alors, c'est le cœur lourd que je ferme la grille extérieure après lui avoir fait un câlin et des tonnes de bisous, que je quitte ma rue pour rejoindre le bus. Je suis soulagée en regardant par la fenêtre arrière du bus de constater que Java ne me suit pas. Mais c'est avec la boule au ventre que j'arrive au collège. Les collégiens me demandent où est mon chien et quand je leur réponds qu'elle est à la maison, on se détourne de moi ne me prêtant plus aucun intérêt. J'étais bête d'espérer un peu d'amitié de leur part. Java n'est pas là, Audrey ne l'est pas non plus. Nous sommes indéniablement indissociables.

Ma journée se passe étrangement, j'ai l'impression d'être là, sans l'être. Un partie de moi semble connectée ailleurs mais je ne décèle pas où. Et c'est toujours quand j'ai besoin de mes anges pour m'aider dans mes ressentis que personne ne me répond. Je sens quelque chose, mais ne trouve pas quoi.

Ma journée se finit avec cette sonnerie ignoble qui me fait sursauter à chaque fois à 16h10. Je remballe mes quelques affaires posées sur la table et quitte l'école pour rejoindre le bus pour le trajet retour. J'ai hâte de rentrer. De jeter mes affaires dans le couloir et de pouvoir me confier de nouveau sur cette journée où le vide m'a envahie.

L'agitation dans le bus avec tous ces cris est difficile pour moi, parce qu'au-delà des cinquante-cinq élèves assis, leurs anges gardiens n'en restent pas moins bruyants. Le trajet dure peu de temps, mais cela est bien assez suffisant après une journée chargée de personnes et d'anges près de moi. Ce brouhaha est à peine définissable, j'entends des inquiétudes dans le bus, puis des rires, et de nouveaux des inquiétudes. J'essaie de me couper quelques instants de tout cela.

Quand je sors du bus, je rejoins à quelques mètres de là, le chemin menant à ma maison. Quand j'ouvre le portail, Java n'est pas là pour m'accueillir, elle doit être au chaud, comme je lui ai suggéré ce matin. Mais je trouve ça étonnant qu'elle ne m'accueille pas comme à son habitude. Peut-être Maman a-t-elle fermé l'accès au jardin. Je monte les escaliers de l'extérieur et ouvre la porte d'entrée. J'entends tout de suite Maman dans la cuisine en train de faire couler l'eau pour sûrement préparer le repas du soir. Je jette mes affaires et entre dans le grand espace de repas pour saluer ma mère.

- Bonjour M'man, lui dis-je en m'approchant d'elle pour l'embrasser.

Mais quand elle se retourne, je vois ses yeux gonflés d'avoir trop pleurer. Mon cœur s'affole parce que je sais dans mon ventre que quelque chose de grave s'est passé, et je ne pense à personne d'autre que Java.

- Maman, où est Java ? Qu'est-ce que tu as Maman ?
- C'est Java ma puce.

Mon cœur s'arrête cette fois. Non non non pas Java.

- Quoi Java ?
Même si je sais, je sens, ce qu'elle va me dire.

- Elle est… Partie ma chérie.

Cette fois, Maman pleure.

- Partie ? Où ?

Ma voix n'est qu'un sanglot.

- Au paradis.

Mes jambes ne me portent plus, je m'effondre sur le carrelage et hurle avec la sensation que l'on m'arrache ce que j'ai de plus précieux en moi. Vide, je suis définitivement vide.

Quelques jours plus tard, quand mes larmes ont cessé d'être, à force de pleurer, Maman m'a expliqué que Java était partie me retrouver au collège, comme à son habitude. Seulement ce jour-là, un motard l'a percutée et l'a laissée là sur le trottoir, seule. Elle n'a jamais pu me rejoindre, et je ne l'ai jamais retrouvée. Le mari de Maman est allé la récupérer suite à l'appel d'une voisine, qui a vu notre chien mort sur le trottoir, et l'a enterrée, sans que je ne sache où. Aucun endroit pour aller la voir, aucun.

Juste son absence à cause d'un imbécile qui roulait trop vite.

La culpabilité m'habite à chaque instant. J'ai perdu ma seule et unique amie, celle qui me comprenait, me réconfortait, m'aimait, démesurément. Le souvenir d'elle dans la neige mitraille ma tête, mon âme, mon cœur. Parce que je sais qu'elle savait que je l'aimais et l'aimerais, par-dessus tout.

***

Java, merci. Tu as été une rencontre bouleversante. Je t'ai aimée à l'instant où mes yeux se sont posés sur toi, petite boule de poils. Tu as été ma meilleure amie, ma confidente, une oreille attentive, celle dont j'avais besoin à ce moment précis de ma vie. Je suis désolée de n'avoir pas pu te sauver. Je suis désolée. Je ne sais pas ce que j'aurais dû faire, comment te protéger, toi, ma Java, qui veillait sur moi. Je n'ai pas su. Et je m'en excuse. Je m'en voudrais toujours. J'en veux à la personne qui t'a renversée, et qui est remontée sur sa moto sans même se soucier de toi, te laissant là, seule, toi ma meilleure amie Java. S'est-il posé la question à savoir s'il venait de tuer un membre d'une famille ? La meilleure amie de quelqu'un. Non sûrement pas. Et ce connard t'a tuée, et t'a arrachée à moi. Alors je te prie de m'excuser. Je t'aime et t'ai toujours aimée avec mon âme. Tu es la meilleure des amies Java.

C'est fou mais la personne qui t'a tuée Java est décédée en moto quelques années après ton départ...

Il roulait trop vite...

Je ne souhaite la mort de personne, et je suis bien sincèrement désolée pour ce monsieur et sa famille.

Quelqu'un a dit un jour que le Karma se charge toujours de rendre justice...

Je laisse ça là...

À toi, Mon amie, Java.

***

Quelques années plus tard…

La route semble tellement longue… Je me réjouis de passer les vacances de Noël chez Maman. J'ai déménagé de chez elle il y a plusieurs années maintenant, devenant maman à mon tour. Nous habitons à plusieurs centaines de kilomètres, alors c'est vraiment avec joie que je roule sur les derniers mètres qui nous séparent.

Cela fait plusieurs mois que je n'ai pas vu ma famille, ce n'est pas évident de se voir régulièrement avec toute cette distance. Le téléphone est notre meilleur ami, en attendant de pouvoir se serrer fort dans les bras.

Quand enfin, je vois le chemin menant à la maison de mon enfance, mon corps se détend. Enfin chez moi ! Je vais pouvoir me déplier de cette voiture où je suis enfermée depuis de longues heures. Je suis à peine sortie du véhicule, que ma sœur, Alexandra, court vers moi. La main encore sur la portière, son poids élancé me colle à la porte de l'automobile. Le choc de nos corps fait un bruit sourd.

- Oh je respire de te voir ! me dit ma sœur en collant son nez dans mon cou.

Je lui réponds en resserrant notre étreinte.

- Oh ! Ça doit pas être dingue après plusieurs heures de route ce parfum !
- Tu m'as manqué ma sœur.
- Tu m'as manqué aussi.

Une fois les retrouvailles faites, et tout mon petit monde sorti de la voiture, j'ouvre le coffre pour récupérer nos quelques valises remplies de vêtements et de cadeaux pour ce beau Noël.

Je monte les marches de la maison, donnant accès à l'entrée, non sans une pensée pour ma tendre amie Java qui me manque chaque jour.

C'est émouvant d'être ici, de retour à mes sources. Même si cette douce pensée pour mon chien ne me quitte pas. J'aimerais la voir surgir de nulle part et l'enlacer.

À la place, ma mère bondit de la cuisine pour me serrer dans ses bras. J'étouffe tellement, ceux-ci me serrent fort le corps.

- Oh Maman !

Je lâche mes affaires dans le couloir pour la prendre dans mes bras et la serrer fort à mon tour. Son parfum maternel m'absorbe et me réconforte. Je suis à la maison.
Les décorations de Noël scintillent dans le salon, tout comme le sapin. Les cadeaux sont déjà posés à son pied.

J'informe ma famille que je monte à l'étage dans la chambre qui nous est réservée pour notre séjour, pour y déposer mes affaires, et commencer à déballer les cadeaux que j'ai fait au préalable pour les descendre eux aussi près du sapin.

Quand je m'apprête à quitter ma chambre pour rejoindre le couloir les mains chargées de paquets, j'entends une voix que je reconnais parfaitement.

- C'est magnifique de se retrouver, tu crois pas ?

Je pense d'abord à ma famille restée en bas à discuter, mais je sens que les vibrations sont différentes d'un dialogue de retrouvailles.

J'entends des pas derrière moi, je ne sens aucune crainte à cela, peut être un ange qui passe et qui veut échanger avec moi. Je me sens prête et me retourne. Je m'arrête net comme si un mur me percutait.

Oh mon dieu !

Les larmes montent à mes yeux. Java est face à moi, avec une brillance différente de ce que je lui connaissais il y a quelques années. Java ange… Elle est ici…

Je tombe à genoux devant elle, comme démunie.

- Salut ma douce Java, lui dis-je, les joues mouillées.
- Salut mon amie. Je suis venue te remercier.

Je suis dubitative à ses mots.

- Me remercier, mais de quoi, dis-moi que fais-tu là Java ? Je suis tellement heureuse de te voir, si tu savais comme tu me manques…
- Oh je le sais, me dit-elle avec ses yeux remplis d'émotions. Tu me manques aussi beaucoup. Je veux te dire que tu n'y es pour rien dans mon départ, c'était mon heure, je devais partir. Je suis venue ici, dans ta vie, pour te protéger d'un acte que tu aurais pu faire et qui t'aurait été fatal. Tu as été et tu seras toujours ma meilleure amie Audrey. Je te remercie pour tout l'amour que tu m'as apporté pendant ces belles années à tes côtés.

Je suis sous le choc de la voir et de pouvoir la sentir. Je pose ma main à l'arrière de son oreille comme elle aimait tant. Son visage se penche sous ma caresse.

- Reste, lui dis-je, les yeux humides.
- Je ne peux pas rester et tu le sais. D'autres choses m'attendent, me répond tendrement mon amie
- Je ne veux pas te voir me quitter de nouveau Java. S'il te plait, reste.
- L'amour que je te porte est avec moi. Celui que tu me portes est en toi, ça ne changera jamais. Je te remercie, je t'aime.

Ces mots, si bouleversants. Ceux que nous avons tellement échangés au cours de notre vie ensemble.

- Je t'aime aussi Java et …

Le son de la voix de ma mère me coupe dans mon élan. Je me retourne vers l'escalier comme pour mieux l'écouter.

- Tu descends ma grande, j'ai préparé des gâteaux pour votre arrivée, me crie-t-elle avec une voix aiguë.
- J'arrive Maman !

Je lui réponds en tournant mon visage vers Java cette fois.
Mais elle n'est plus là. Définitivement plus là.
Mon cœur se serre, ma gorge est nouée. C'est donc avec une profonde tristesse que je descends les escaliers, les mains chargées de cadeaux pour rejoindre ma famille.
Elle est venue me dire au revoir, et je suis intimement convaincue que je la retrouverai un jour…

MON INTIMITÉ ET LES ANGES

Depuis ma plus tendre enfance, j'ai toujours vu les anges, d'aussi loin que je me souvienne. Petite, cela ne me dérangeait pas d'être accompagnée jour et nuit partout où j'allais… Ça c'était avant…

***

Moment détente... ou pas.

Je rentre du magasin, la main droite chargée de sacs de provisions que je pose sur la table de la cuisine. Mon autre main tient le cosy où se trouve ma fille endormie. Les trois étages menant à mon joli appartement sont difficiles à monter les bras chargés, et cela m'essouffle. Il faut vraiment que j'arrête de fumer !

C'est toujours un enfer les courses. Les autres sacs m'attendent en bas dans l'entrée de l'immeuble, mais il est hors de question que je laisse ma petite seule à l'appartement. C'est donc accompagnée de ma fille dans son siège que je redescends chercher les sacs restants. Ce n'est qu'après trois allers-retours que je pose enfin le siège de ma fille près de moi, et me lance dans le rangement de mes courses dans les placards.

J'ai l'impression d'avoir fait un marathon. Ce n'est pas tant les neufs étages que je viens de monter qui m'ont épuisée (oui oui trois fois les trois étages), mais simplement le fait de me rendre dans une grande surface un samedi matin. À croire que tout le monde a pensé que c'était le moment idéal pour réaliser ses bonnes affaires dans le même magasin que moi.

Dès l'ouverture des portes coulissantes à l'entrée du supermarché, les énergies m'ont capturée. Il devait y avoir plusieurs centaines de personnes autour de moi, mais ma perception en a compté bien plus. C'est épuisant. Je ne pouvais pas passer dans un rayon sans me faire intercepter par les anges des personnes présentes. J'ai donc essayé de me couper de cela mais ce fut impossible. C'est donc éreintée que je finis de vider les sacs de courses.

Louisa, ma fille, est toujours endormie dans son cosy et je décide de la mettre dans son dodo pour qu'elle puisse être plus confortablement installée. Je la porte délicatement pour ne pas la réveiller et la pose dans son lit, je couvre son petit corps avec sa couverture molletonnée.

Maintenant qu'elle est en sécurité et endormie, je me faufile dans la pièce d'à côté, la salle de bain, pour aller aux toilettes. Une fois ma vessie soulagée, je m'apprête à me déshabiller pour me rendre sous la douche. Ma porte de salle de bain est entrouverte pour me permettre d'entendre ma petite en cas de soucis. J'enlève mon pull-over, mon jean, puis mes chaussettes pour les mettre directement dans la machine à laver sous le lavabo.

Je fais couler l'eau pour permettre au chauffe-eau de se mettre en route.

- Vous prenez votre douche ?

Je sursaute en me cachant instinctivement la poitrine.

Je me retourne et vois un homme debout près de la fenêtre de la salle de bain. Ce monsieur est grand, ses cheveux sont bruns et ses yeux d'un bleu perçant. Je ne le connais pas, mais je sens tout de suite qu'il n'est pas du même endroit que moi. C'est un ange.
Être un ange c'est bien mais cela ne permet en rien de se pointer chez les gens. Quel culot. C'est qui lui ?

- Euh, rien ne vous gêne là Monsieur ? lui dis-je, les yeux ronds.
- Non, mais a priori c'est pas votre cas, me répond-il sans sourciller.

Je lui réponds du tac au tac pour pouvoir passer à un autre sujet.

- On se connait ?
- Non, on ne se connait pas, mais vous êtes Audrey et vous êtes sur le point de prendre votre douche. Médium c'est ça ?
- Euh, oui… et… pourriez-vous me laisser la prendre ? lui dis-je en tentant de cacher mon corps comme je peux.
- Je vous en prie, faites. Nous parlerons pendant ce temps, me répond l'ange avec certitude.
- Non, vous allez sortir tout de suite, je voudrais de l'intimité pendant cette douche si vous voulez bien, merci, lui montrant la porte entrouverte.
- Disons que j'ai déjà vu des corps nus et que je ne suis pas là pour juger, Audrey, prenez votre douche. Je viens juste parce que ma femme habite quelques étages en dessous, au premier étage porte de gauche, j'aimerais que vous alliez la voir pour moi. C'est pas tous les jours que l'on croise des médiums vous savez ?

Non mais vraiment là ? Il va rester là à me regarder me doucher ? J'ai l'habitude que ma grand-mère me suive partout où je vais, je n'ai jamais la possibilité de la faire sortir de mon intimité, mais avec le temps je m'y suis habituée.

Lui je ne le connais pas et il est hors de question qu'il reste là à faire la causette. Le moment est peu propice à cela, et un moment de détente, seule, me fera le plus grand bien.

En parlant de ma grand-mère, je la vois rentrer dans la salle de bain sans gêne, elle non plus.

Ça ne pose un problème à personne que je sois à moitié nue ou c'est moi qui déconne ?

- Bonjour Martin, dit ma grand-mère à l'ange dans la salle de bain.
- Marie-Lucie, répond avec un ton enjoué le fameux Martin.
- Ça va, je ne gêne personne là, leur dis-je presque en hurlant.
- Ne t'offusque pas voyons, je vois que tu as fait connaissance avec Martin ? me dit Mamie-sans-gêne.

Mes nerfs commencent à faire des fils ! *Ce serait trop demandé d'avoir de l'intimité dans cette maison ?*

Les anges se regardent naturellement, sans se préoccuper de mes émotions à vif. Je n'ose plus bouger, encore moins me déshabiller alors qu'un parfait inconnu est chez moi, aussi ange soit-il.

Cela semble troubler Mémère de me voir nerveuse, elle ne parait pas comprendre que cela puisse me mettre mal à l'aise. Je la regarde les yeux ronds en secouant la tête avec interrogation, comme pour lui demander d'agir et de mettre ce charmant monsieur ange dehors. Mais elle reste là, sans rien faire et cela ne semble même pas avoir effleuré son esprit.

- Alors, vous pouvez aller voir ma femme ? me demande Martin.

Je tourne mon visage enfin vers lui, après avoir fusillé ma grand-mère du regard, je fixe l'ange masculin, dubitative.

- Non, non et non, là je veux juste me laver, Martin. Juste-me-laver, lui dis-je en détachant chaque mot comme s'il ne comprenait pas.
- Très bien, vous êtes têtue. J'ai bien compris. Je vais vous laisser Mesdames, mais pourriez-vous alors la voir s'il vous plait.

J'hurle finalement à Martin.

- DE-HORS !

Quand il quitte la pièce, je me sens instantanément soulagée. Je me rends compte que l'eau coule toujours, mince. Je n'adresse aucun mot à ma grand-mère et me glisse sous l'eau après m'être déshabillée enfin. Je me savonne et prend le temps de décompresser suite à ce moment ultra gênant.
Je sens que Marie-Lucie aurait envie d'échanger mais je ne me sens pas la capacité à le faire, ni la patience. Je souhaite juste faire le point avec moi-même.
A cet instant, j'en ai marre. *Médium ? C'est ça être médium ? N'avoir aucun mur de protection, pas même dans ma maison ?* Je voudrais une vie normale, simple. Sans être embêtée sans cesse par un ange qui passe par là. Faut-il que je les laisse faire ? Est-ce que le mot « intimité » n'existe pas dans ma vie ?
J'ai tellement de questions dans ma tête, auxquelles ma grand-mère pourrait répondre, mais je ne souhaite pas les lui poser. Cela créerait un monologue de plusieurs longues minutes, et je n'en ai pas envie.
Quand je sors de la douche et que je me sèche, j'entends ma petite fille gazouiller.
Bon eh bien le repos sera pour plus tard, ma petite vient de se réveiller...

Alors je quitte la salle de bain, sans me préoccuper de Marie-Lucie, qui je le sais va me rejoindre de toute façon. Je file rejoindre mon bébé, les cheveux encore mouillés.

Martin est venu me voir, quelques jours après. Il m'a demandé de nouveau si je pouvais aller voir sa femme, quelques étages plus bas. Je lui ai expliqué que même si j'étais médium, cela ne me permettait pas d'aller chez les gens pour bousculer leur vie. Ce qu'il a accepté sans broncher.

Ce n'est que quelques jours après cela, que je comprendrais qu'elle a mis fin à ses jours... Quand je la verrai dans mon salon auprès de son amoureux, le fameux Martin.
J'ai pensé que j'avais peut-être loupé quelque chose en refusant d'aller chez cette femme comme le voulait Martin. Que peut-être, j'aurais pu empêcher cette femme de commettre un acte aussi désespéré. J'ai pensé que ma mission était de la sauver. Je me suis mal jugée, déçue de n'avoir même pas pu aider cette femme.

Quand je l'ai vue dans mon salon, elle m'a dit que les choses sont écrites. Que personne n'empêche rien et que si cela doit être évité, alors c'est que cela aussi est écrit. Qu'il fallait que je m'apaise face à cela.

Quant à Martin, quand je lui ai demandé pourquoi il souhaitait que j'aille voir sa femme ce jour-là, il m'a répondu « je voulais simplement la prévenir que l'on se verrait bientôt ».

***

Vous avez dit gênant ?

Enfin le moment est arrivé. Mon amoureux rentre de sa dure journée de travail, et à peine a-t-il franchi la porte que nos corps fusionnent pour ne faire qu'un.

Une connexion. Cela me donne toujours l'impression de me brancher à un chargeur. Il me recharge instantanément quand je colle mon corps au sien.
Le serrer dans mes bras est un moment vital pour mon être. Mes mains caressent son dos pendant que les siennes posées sur la chute de mes reins me réchauffent. Je sens son parfum enivrer mes narines. C'est divin. Je conscientise mon corps contre lui, chaque particule se connecte à lui.
Nos cœurs se calent au même rythme pour n'en faire qu'un. Je sens en moi toutes les sensations qu'il a ressenties dans sa journée. J'essaie d'en enlever le trop plein pour le soulager, ce que je sens concrètement quand ses épaules s'affaissent.
Connexion faite.

Rythme cardiaque à l'unisson : Ok.
Soulagement du trop plein d'émotions : Ok.
Dose d'amour envoyée : Ok.

Nous pouvons donc commencer à échanger nos mots.

Je lui demande en me dirigeant vers la cafetière pour lui faire un café au lait.

- Comment tu vas mon ange ? Cette journée ?

Depuis quelques semaines, notre dernière fille habitant à la maison, a pris son appartement. Ce qui nous laisse une vie de couple avec d'autres échanges qu'auparavant. Même si nous aimons être parents, il n'en est pas moins désagréable de nous retrouver entre amoureux.

- Ras-le bol, je suis épuisé de cette journée de merde, me répond mon mari.

Je pourrais tout à fait « deviner » ces mots puisqu'il les utilise à chaque fois qu'il rentre du travail. Cela fait deux ans que ce boulot l'épuise et qu'il échange les mêmes émotions quand il rentre à la maison. Il n'y a rien de divinatoire en cela. Il en a marre et le dit.
Alors je le regarde en faisant la mou, déçue qu'il confirme ce qu'il vit tous les jours.

- Raconte… lui dis-je en lui tendant son café.
- Merci mon ange, me répond-il, en attrapant son élixir vital pour s'en délecter.

Nous échangeons sur les soucis qu'il rencontre, même si je ne comprends que peu les termes techniques qu'il emploie. Mais je l'écoute attentivement, essayant simplement de le soulager comme je le peux. Il a besoin de vider son sac alors j'accueille ces mots avec beaucoup d'amour.
Il prend le temps de me demander comment s'est passée ma journée. Je l'informe simplement ce que j'ai ressenti aujourd'hui.
Je parle beaucoup, parce que je passe ma journée à écouter sans doute. Le pauvre, lui a besoin de calme, avec moi c'est mal barré.

Je tente de repousser les voix de sa sœur et de mon jumeau. Notre fratrie-anges s'aiment beaucoup et donc tout comme nous, ils parlent énormément et bruyamment. J'essaie de canaliser cela pour n'occuper mon attention que sur mon doux mari.

Nous avons une vie simple, beaucoup de points communs, et partageons le bonheur au quotidien. Notre fusion est fluide. Même si j'aime à parler, nous n'avons pas besoin de dialoguer pour nous comprendre.

Si vous nous mettez dans une cuisine tous les deux, nous pouvons ne pas échanger un seul mot. Cependant nous sommes capables de faire un plat succulent avec organisation, en finissant avec une cuisine rangée, sans même avoir parlé.

L'amour ? Sûrement. La connexion ? Surtout.

Ce soir, comme toujours, à peine nous sommes-nous réunis, qu'une seule hâte nous hante, c'est de se retrouver au lit pour fusionner nos corps.

Calmez-vous, ce n'est pas toujours pour faire des câlins sensuels !
Après avoir fait notre toilette, c'est avec beaucoup de bonheur et d'apaisement, que nous nous retrouvons allongés au lit, collés l'un contre l'autre après un moment canapé-télé. Mon dos est aimanté à son torse, enlacés sur le côté droit. LA position dodo dans sa perfection. Mes yeux se ferment pour apprécier cet instant intense entre nous. Je sens qu'il s'apaise contre moi, c'est une sensation de bonheur pour moi. Le calme, son énergie, la chaleur, l'….

- Il est fatigué, vous ne ferez pas l'amour ce soir !

Hein ?
Mes yeux s'ouvrent pour ne voir que ma liseuse face à moi, et le visage de mon frère Éric juste derrière.
Oh mon dieu, mais ça ne s'arrête jamais...
Je tente de faire comme si je n'avais rien entendu. Au-delà du fait que cela ne le regarde pas, c'est super dérangeant. Je veux juste du calme, de la connexion avec mon époux, sans anges dans ma chambre.

- Tu as entendu bien sûr, vous ne ferez pas l'amour ce soir frangine !
Tuez-moi !
- Super, merci pour cette information Éric. Je m'en fiche, je veux qu'il se repose et si je peux être au calme moi aussi, ça me va, hein, dis-je en le fixant.
- Je dis juste ça comme ça...
- Mmm-Mmm super ! Tu peux disposer maintenant et me laisser tranquille, s'il te plait ?
- Non, j'adore ton livre, et quand tu lis j'entends dans mon âme, donc je reste en attendant que tu t'endormes.
- Comment ça, tu entends dans ton âme quand je lis ? dis-je à bout.
- Oui quand tu lis, je lis aussi. Et j'adore cette histoire, j'attends la suite depuis hier soir. Lis Audrey, s'il teeeeee plaiiiittt.

Je m'agite dans le lit. Je sais que je n'aurai pas le dernier mot ce soir.
Il secoue la main devant moi.

- Allez s'il te plait ! Promis si vous faites l'amour, je sors de la chambre.

Non mais sérieusement là ? Je ne sais même pas pourquoi j'ai ce genre de conversation avec un ange.

- Merci ! Trop sympa, dis-je, pince-sans-rire.
- De rien ! me répond Éric, qui ne comprend définitivement pas l'ironie.
- Allez, lis frangine. Je m'installe près de toi.

Je ne veux pas entrer dans de grandes explications sur ma vie intime et privée ce soir. Je suis épuisée après cette journée, je me colle encore plus intensément à mon mari, qui lui s'est déjà endormi.

J'entre dans mon livre, une vie réelle, où j'aime me réfugier en tentant de faire abstraction de mon frère assis à mes côtés. *Pas simple, vraiment.*

En lisant ce soir-là, je songe que j'ai beaucoup de chance d'avoir mes anges près de moi, que sans eux je ne suis pas moi. Je pense que même s'ils sont là dans des moments les plus intimes, ils sont aussi présents à chaque instant de ma vie. Pour m'accompagner, me guider et me permettre grâce à ce don, d'aider les autres. J'ai une chance inouïe de pouvoir les sentir, les voir, les entendre. Pour moi, les miens, et pour les personnes qui en ont besoin.

Alors avant de fermer les yeux pour enfin me couper de mon monde, je regarde mon frère et je lui dis :

- Merci d'être là, avec moi.

Il me regarde, pose sa main sur mon visage et me dit :

- Jamais sans toi, jumelle.

Je m'endormirai sereinement ce soir-là, le sourire aux lèvres.

LE SOLDAT DAMIEN

Mon téléphone sonne et je constate que c'est mon amie Amélie. Nous avons lié une amitié profonde, dans laquelle aucun jugement mal intentionné n'a sa place. Elle fait partie des personnes qui ne catalogue pas dans mes dons, qui ne me juge pas, mieux, qui a toujours cru en moi. Lorsque je prends l'appel, je sens dans sa voix une forme d'affolement.

- Audrey, je crois qu'il se passe un truc bizarre chez moi et je suis désolée mais tu es la première personne à qui j'ai pensé !
- Oh rien de très étonnant à ça, que se passe-t-il ? lui dis-je en rigolant.
- Tu me croiras ou pas, mais depuis plusieurs jours, j'entends quelqu'un qui pleure chez moi, je t'assure c'est bizarre, dès que je suis au calme dans mon lit, j'entends des pleurs, nom de dieu des pleeeuuurs, Audrey !
- Oh… La bizarrerie fait partie de moi, donc je comprends que tu penses à moi quand il y a un truc loufoque qui t'arrive, mais que penses-tu que je puisse faire pour toi ?

Son soupir invisible me met le sourire car je sais déjà l'idée qu'elle a en tête.

Eh bien oui, les anges autour de moi, m'ont déjà dit que mon amie allait m'appeler pour me demander de l'aide. Je ne savais pas de quelle aide elle aurait besoin, mais j'aurais parié qu'elle allait me demander quelque chose.

- C'est pour toi ce genre de situation ! hurle mon amie. Si je ne vois personne chez moi de visible alors c'est que quelqu'un d'invisible est là, et si il y a un mort chez moi, eh bien c'est pour toi.

- Oh donc tu penses que parce que tu entends quelqu'un qui pleure chez toi, c'est nécessairement quelqu'un qui est mort et de surcroît qui souhaite me parler ?

- Tu devrais déjà être là, je ne t'écoute plus. Non, mais sérieux, c'est flippant.

- Humm, je passerai te voir, promis.

- Pas dans dix ans, je ne dors plus depuis deux jours.

- P.R.O.M.I.S, dis-je en articulant chaque syllabe.

Quand je raccroche après notre conversation ce jour-là, je suis loin de me douter de ce que j'allais vivre.

Quand mon amie ouvre la porte de chez elle quelques jours plus tard, je vois tout de suite les cernes sous ses yeux, et son regard soulagé de me voir.

Mes dons ne m'ont pas permis de voir l'inquiétude réelle dans laquelle elle est, et cela me renvoie instantanément de la culpabilité.

J'entends qu'elle me parle mais je suis déjà comme absorbée par ce qui se passe à l'étage de sa petite maison de village. Je comprends qu'elle soit s'agitée et surexcitée de me voir arriver chez elle. Elle m'invite donc à rentrer dans sa cuisine et me propose un café, comme à notre habitude lors de nos rencontres. Son petit chat est posé sur une chaise, je me penche pour le caresser avant de m'asseoir sur la chaise voisine. Il est mignon ce chat, peu causant, mais mignon ! On dirait une vieille âme, comme un petit papi posé sur un banc à regarder les gens passer dans la rue. Je l'aime bien.

Amélie m'explique, que cela fait plusieurs longs jours, qu'à chaque fois qu'elle se couche dans son lit, elle a la sensation d'entendre un homme pleurer dans le couloir qui mène à sa chambre. Elle me dit avoir regardé à plusieurs reprises si une personne aurait pu faire irruption chez elle, tout cela dans une panique évidente. Bien sûr avec un air théâtral, elle ne manque pas de m'informer qu'elle ne peut plus vivre ici, sauf si une personne aussi illuminée que moi (si, si, ce sont ses mots) ne l'aide à comprendre ce qui se passe dans sa maison.

L'énergie de sa maison est assez écrasante, non pas par une énergie divine sombre, mais par la disposition de ses meubles et le peu de luminosité dans ses pièces.

Elle n'est pas décoratrice d'intérieur, sans aucun doute, et c'est sûrement pour cela que je me sens oppressée chez elle. Les pièces exiguës et les vieux meubles en bois de récupération me donnent l'impression d'entrer dans un endroit minuscule.
Lorsque je gagne l'étage, mon amie, par peur que je déclenche une sorte de clown sortant d'une boîte, décide de rester dans son salon, pour attendre le « résultat » comme elle aime à dire.
Je monte donc les quelques marches qui me séparent de mon amie, et je me sens envahie d'un sentiment de liberté. C'est une énergie qui arrive souvent quand je suis en contact avec un ange, c'est assez caractéristique, une sorte d'apaisement quasi instantané.
Je longe le long couloir qui mène à sa chambre et je le vois, lui, assis à même le sol, le dos collé au mur. Cet homme d'une vingtaine d'années, vêtu d'un uniforme militaire, son regard semble plongé dans le vide. Je sais que ce vétéran est un ange, que cet homme est mort il y a des années, je le sais simplement parce que je ne vois pas ses pieds.

Je m'approche sans crainte de ce Monsieur Ange, que je ne connais pas. Je m'installe à ses côtés, sans qu'il ne me jette un regard.

- Bonjour Monsieur, lui dis-je en tournant mon visage vers lui.

Ses yeux croisent les miens et je ressens cette connexion inexplicable. La stupéfaction dans laquelle il se trouve se voit, car j'ai l'impression qu'il cherche un besoin de réassurance tant ses prunelles cherchent dans les miennes.

- Vous me voyez ? me dit l'homme.
- Oui, je vous vois Monsieur, et je vous entends, Je suis Audrey, et je souhaite vous aider.

Je sais que cela est inutile de lui préciser qui je suis, d'où je viens, il le sait déjà. Il n'a qu'à me regarder pour me savoir. Cependant il se garde de me le faire remarquer et je lui en suis reconnaissante.
Son regard triste et son petit sourire timide me pousse à lui poser d'autres questions.

- Vous êtes dans la maison de mon amie, Amélie, elle dit vous entendre pleurer la nuit. Je cherche à comprendre pourquoi, et ainsi vous aider, que faites-vous là Monsieur ?
- Mon prénom était Damien, vous pouvez m'appeler comme cela, je suppose. Votre amie n'est pas chez elle, mais chez moi Audrey, je me suis égaré, je crois.
- Vous êtes là depuis combien de temps Monsieur Damien » ?
- Je ne sais pas. Cette femme vit chez moi, et ce n'est pas convenable, mais elle ne m'entend pas. J'ai beau l'informer de ce désagrément, elle reste ici, je ne comprends pas. La guerre est finie Audrey ?

Je comprends que son âme est confuse, comme « en attente » entre notre monde et le leur. Cet homme est certainement là depuis ce que nous pourrions qualifier de « longtemps », son regard se plonge dans le mien, comme s'il y cherchait des réponses, que peut-être je pourrais lui apporter.

- Oui Damien, la guerre est finie, vous devez comprendre que votre énergie demande à être ailleurs. Vous êtes dans un endroit qui n'est plus pour vous, vous devez retrouver l'apaisement qui vous a accueilli à votre mort Damien. Vous comprenez ?

Je sens qu'il me comprend parfaitement, son énergie le montre et son mouvement de menton me le confirme.

- Je ne peux pas encore Audrey. Vous savez, lorsque la guerre a commencé, quand je me suis engagé, je devais épouser Denise. Elle a cueilli mon cœur et a mon amour.
J'ai caché dans cette maison la bague que je devais lui offrir après la guerre, pour la demander en mariage, elle est cachée juste là. Je ne voulais pas la perdre, ni qu'on me la vole le temps de mon engagement, voilà pourquoi je l'ai mise ici.
Il me montre du doigt le bas du mur juste à côté de lui, où se trouve la plinthe. Mon regard se pose sur celle-ci, puis revient dans ses yeux.

- Oh ?
- Vous allez m'aider, n'est-ce pas, chère Audrey ?
- Oui Monsieur Damien, je vais vous aider. Enfin si je peux.

Je me relève et longe le couloir dans l'autre sens. Je descends les marches pour retrouver mon amie dans son salon. Elle fait les cent pas, comme un père dans une salle d'accouchement qui attend la naissance de son enfant.

- Alors ?

Je demande à mon amie naturellement.

- Tu as un pied de biche ?
- Comment ? Un pied de biche, je te dis que j'entends quelqu'un pleurer la nuit, et toi, après dix minutes d'absence où je t'entends parler toute seule, tu descends en demandant un pied de biche ? T'es sérieuse là ?
- On ne peut plus sérieuse, tu as ça ?

Je sens Amélie dubitative, et je la comprends. Il est vrai que cela semble plutôt improbable pour le commun des mortels, cependant pour moi, tout me semble fluide et clair. Le soldat Damien souhaite de l'aide et je m'apprête à la lui apporter.
Mon amie, après quelques minutes de réflexion silencieuse, finit par hausser les épaules et se dirige vers son garage. Je la vois ressortir avec une tige en ferraille longue d'à peu près vingt centimètres. Elle me regarde et me la tend.

- Je ne sais pas ce que tu fabriques et encore moins avec un truc pareil mais je te fais confiance. Je peux venir avec toi, c'est sans danger ?
- Il n'y a aucun danger, pas plus qu'hier. Un homme est chez toi, un soldat, et il m'exprime clairement le fait de vouloir récupérer une bague dans ton mur, lui dis-je.

Amélie a le teint blanc. J'ai pleine conscience que cela peut sembler fou, je connais ce sentiment, de passer pour folle depuis très longtemps, mais je ne me sens pas offusquée. Je sens que le moment où elle va me demander ce que je raconte, ne va pas tarder à arriver.

- Quoi ? Un homme soldat avec une bague, dans mon mur ? »
me répondit mon amie le visage blême.

Ce n'est pas tout à fait ce que je viens de lui expliquer.

- Non, pas du tout, ne commence pas à penser que quelqu'un se
cache dans tes murs avec une bague. C'est morbide… Cet
homme s'appelle Damien, c'est un ancien soldat. Quand la
guerre a commencé, il devait demander en mariage Denise, sa
future femme. Malheureusement, et sans aucun doute, il est
mort. Seulement il souhaite récupérer le bijou qu'il voulait lui
offrir et qu'il a caché dans le bas de son mur. Cette maison était
la sienne Amélie ! lui dis-je d'un ton rempli d'évidence.

Si mon amie est déjà sidérée, je la sens maintenant
choquée. Je la prends par la main et lui demande de me suivre.
Une fois en haut de ses escaliers, elle me dévisage, terrifiée.

- Ça va aller, je suis là ! lui dis-je pour la rassurer.
- Je comprends rien et ça fait flipper ton truc, me dit mon amie
les billes rondes.
- Je te rappelle que c'est toi qui m'as appelée pour que je vienne
t'aider parce que tu entends quelqu'un pleurer la nuit ? ou ce
n'est pas nécessaire ?

Pour unique réponse, elle baisse les yeux. Je lui passe la
main sur l'épaule en lui faisant une brève caresse, afin de
l'apaiser, ce qui est un réel échec.
Quand j'avance dans le couloir, je sens Amélie s'agripper au bas
de mon long gilet, ce qui me donne le sourire. *Quelle trouillarde
!*
Je m'approche de ce qu'Amélie ne peut pas distinguer, Damien,
puis m'adresse directement à lui.

- Monsieur Damien, j'ai trouvé ceci pour vous aider à libérer la bague de votre Denise.

Pour seule réponse, Damien me sourit. Il sait que je compte agir pour lui permettre d'aller de l'autre côté, j'en suis satisfaite instantanément, en ayant souvent l'impression d'être plus « utile » aux morts qu'aux vivants.

Amelie toujours derrière moi, me voit glisser la barre en ferraille entre la plinthe et le mur, elle s'écrie d'un ton vif :

- Tu ne vas quand même pas faire ça ? T'es en train de péter mon mur Audrey, bordel !
- Oui, mais c'est pour libérer Damien et l'amour qu'il a pour Denise, lui dis-je en tirant de toutes mes forces sur la tige coincée dans la plinthe… Crac !

Celle-ci se brise sur trente centimètres et je m'en sens subitement soulagée. Je m'accroupis et fouille avec ma main s'il y a quelque chose dans le bas du mur, rien ! Mince, où se cache-t-elle ?
Mon amie sautille presque de crainte ou d'excitation. Elle essaie de se faufiler près de moi, pour voir si je trouve quelque chose.

- Alors ? T'as trouvé quelque chose ? Ou tu as juste démonté mon mur pour rien ?

Je ne lui réponds pas, frustrée de n'avoir rien découvert. Quand mon regard se lève vers Damien, qui lui, semble tout à fait satisfait de mon geste, je ressens l'avoir libéré d'un poids. Ses épaules s'affaissent comme un ballon de baudruche que l'on dégonfle.

- Juste ici ! m'indique Damien de son index.

Le genou à terre, je fouille plus loin. Je sens légèrement creusé entre le sol et la plinthe, un tissu rugueux. Mon cœur semble vouloir sortir de ma poitrine tant la sensation est palpitante. Je le saisis.

Maintenant debout, devant Damien et mon amie, je remarque deux sentiments très différents sur leur visage. Soldat Damien est éblouissant, Amélie quant à elle, est transparente. Moi, je me sens satisfaite.

J'entends mon amie jurer.

- Merde, nom de dieu, c'est quoi ?

Nous répondons simultanément Damien et moi :

- La bague de Denise !

Même si au fond de moi je sais que mon amie n'entend que ma voix.

Je dégage le tissu, en sors une alliance des plus simples qui soit. Mes émotions sont tellement fortes, qu'une certaine fierté m'envahit d'avoir pu aider ce soldat perdu ici depuis longtemps. Je saisis la bague et la montre à Damien, qui sourit de toutes ses dents, incontestablement soulagé. Amélie la prend et me dit les yeux ronds.

- Mais comment tu savais qu'elle était là ?
- Je ne le savais pas, il m'a guidée.

Le soldat me regarde intensément, me donnant une sensation de chaleur dans tout mon corps et me dit simplement :

- Merci Audrey. Tu viens de me libérer. Libérer l'amour que j'ai pour ma Denise. Je te remercie. Je vais rejoindre l'endroit qui m'attend maintenant, nous nous retrouverons.

Il longe lui aussi ce couloir, descend les escaliers, nous laissant là mon amie, et moi.

Je n'ai jamais revu le soldat Damien, ma grand-mère me dira quelques heures plus tard, qu'il a rejoint l'autre côté définitivement.

Mon amie Amélie, m'a posé beaucoup de questions ce jour-là, ce à quoi je m'attendais. Des questions auxquelles j'ai pris le temps de répondre, même si tout n'était pas explicable.

Quelques jours plus tard, elle m'a confirmé ne plus entendre pleurer la nuit, ce qui m'a laissé un sentiment d'apaisement, vis à vis d'elle et de Damien. Et de Denise…

Oh, vous vous demandez sûrement ce que la bague est devenue ? Nous l'avons simplement enterrée dans son jardin. Ce qui appartient à Damien et Denise, reste à Damien et Denise.

MON CRABE ET LES ANGES

Je suis médium, être en contact permanent avec les anges, cela n'épargne aucune douleur, n'apaise aucune torture. Les épreuves, nous les vivons de la même manière que vous. Et comme les épreuves même les plus douloureuses sont écrites, alors je n'ai été épargnée de rien dans mon chemin de vie.

Depuis plusieurs années, je vois que certaines choses de ma santé ne vont pas, seulement je minimise mon état physique, me disant sûrement que je suis infaillible.

Ce matin, je me rends aux toilettes, je constate la perte de matière goudronneuse sortant de mon entrejambe, je fais encore abstraction de cela en poursuivant ma journée comme d'habitude, probablement en ne voulant pas réaliser que quelque chose ne va pas. Si je prends conscience de cela, il va falloir que je m'arrête dans ma lancée, alors que je suis maman quasi solo, et cela n'est de toute façon pas envisageable pour moi.

Ce soir, je vais me coucher comme tous les soirs après avoir mis mes deux filles dans leur dodo, sans oublier de leur apporter la chaleur réconfortante qu'une maman aimante donne à ses enfants. À mon tour, je vais me mettre bien au chaud sous ma couette.

Ma grand-mère, Marie-Lucie pour ne pas la citer, a pour habitude, depuis très longtemps, de se poser au pied de mon lit. Souvent, très souvent, elle me parle pour me permettre d'avoir une meilleure perception de certaines choses ou des gens qui m'entourent, me guidant toujours vers le mieux. Et comme à son habitude, le temps passant, elle se pose confortablement sur le lit avec moi sans dire un mot.

J'ouvre un des livres de mon papa qui se trouve sur ma table de nuit, me plongeant doucement dans la lecture qui me permet de m'ancrer à une réalité qui est contraire à beaucoup. C'est vrai, nombreux diront qu'ils aiment se plonger dans un livre car cela les sort de leur quotidien, moi, j'ai plutôt l'impression d'entrer dans une réalité quand je lis.

Je devine le regard lourd de ma grand-mère, et cette pression sur moi est dérangeante.

Je la connais bien maintenant, et je sais que quand elle ne parle pas, c'est qu'elle a beaucoup à dire. Je ne pense pas me tromper de beaucoup en disant cela.

- Quoi ? lui dis-je sans détourner les yeux de mon livre.
- Rien, rien, continue à lire et à faire semblant.

Oh ! comme je déteste quand elle fait ça. Elle sait naturellement, que je vais poser mon livre pour l'écouter et ce soir, je n'ai pas envie. Je pense avoir compris ce de quoi elle souhaitait parler, mais je n'en ai pas envie. Alors je replonge mon esprit dans les descriptions des ruelles que Papa mentionne dans ses romans. Une partie de moi se concentre sur les descriptions de mon père, l'autre, est avec ma grand-mère qui ne peut s'empêcher de faire des bruits d'ongles que l'on entrechoque. Insupportable !

- Mémère, c'est super chiant de lire un livre avec ce bruit-là, tu peux cesser ? J'aimerais du calme c'est possible pour toi ?
- Humm humm, c'est possible, mais j'ai pas envie.

Voilà, on y vient, la joie d'être médium. Un moment de calme, de tranquillité vous ferait du bien après une longue journée de travail ? eh bien non… Tout ne fonctionne pas comme on le voudrait. Plus je sens qu'elle souhaite me parler. Plus je réfute son besoin, pire c'est. Je le sais depuis le temps, mais je décide de faire à nouveau abstraction.

Cette fois ma tête n'est plus du tout à ce que je lis, puisque je viens de relire trois fois la même ligne, en me faisant la réflexion que mon père se répète dans ses descriptions. *Foutaises.*
Concentre-toi Audrey, concentre-toi !
Tic- tic- tic- tic- tic
C'est officiel elle est insupportable !

- Tu sais comme moi que je ne vais pas pouvoir lire ce livre tranquille, tant que tu ne m'auras pas dit ce que tu souhaites me dire, je t'en prie, je t'écoute, lui dis-je en me remettant sur le dos pour lui faire face.

Je pose mon bouquin sur ma table de chevet, sachant que nous allons en avoir pour un moment.

- Oh ça y est, Ma-da-me veux bien communiquer ? me dit Marie-Lucie
- Ai-je le choix ? lui répondis-je en faisant un mouvement de tête.
- Tu sais ce dont je veux te parler, n'est-ce pas ? Tu comptes aller voir un médecin quand Audrey ?

Oh ! je déteste quand elle m'appelle comme ça, cela est souvent signe de tirage d'oreilles. Cela change de « ma chérie, mon trésor ». Certes c'est mon prénom mais il est tellement rare qu'elle le prononce. Ce qui me met en éveil. Même si je me dis qu'elle a le don d'exagérer les choses, parce qu'elle veut me protéger de tout.

- Oh et pour quoi irais-je voir un médecin Mémère, je te prie ?

- Audrey, tu perds des choses de toi qui ne sont pas normales, me répond-elle en faisant un signe de la main vers mon bas ventre.
- Ça passera, cela peut arriver, je gère ne t'inquiète pas.
- Tu gères rien du tout, il aurait fallu que tu ailles déjà voir ton médecin il y a des années, mais tu n'écoutes rien, tu n'en fais qu'à ta tête. Seulement je suis ta grand-mère mais je ne peux pas faire les choses à ta place, alors tu vas dès demain prendre rendez-vous auprès de ton docteur sinon je ne te laisserai plus jamais dormir de ta vie. Si tu veux que je te hante, je peux …

Je ne la laisse pas terminer. Si je sais bien quelque chose c'est qu'elle est aussi tête de mule que moi et qu'elle serait capable de faire traîner des chaînes toutes les prochaines nuits de ma vie pour hanter mon temps.

- OK, c'est bon j'appelle demain. Je peux poursuivre ma lecture, t'as fini ?

Elle fit un mouvement de tête, je saisis mon livre en tentant de me plonger dedans, seulement ce fut un échec, ma tête était à ce fameux coup de fil…

Ma grand-mère venait de me sauver la vie …

***

J'appelle donc mon médecin traitant le lendemain, et à la suite des descriptions que je lui en ai fait, il décide de me faire voir des médecins spécialisés. J'ai donc eu divers rendez-vous auprès de mon gynécologue.
Celui-ci m'a fait différents examens, tous plus douloureux les uns que les autres. Du frottis de base à plusieurs colposcopies, dont une qui s'est particulièrement mal passée. Sans surprise, le

grand professeur en gynécologie m'a appelée un matin, demandant à me voir dès l'après-midi.

Je me gare en bas du grand bâtiment où se trouve mon médecin, ma grand-mère à mes côtés. Les sentiments que je ressens à cet instant ? La peur, le doute, l'évidence.

Les médecins que j'ai vus au cours des dernières semaines, ont toujours eu une tête dubitative quant à mes problématiques de santé. Je serais un cas d'école parait-il. Ils n'ont répondu à aucune de mes interrogations puisqu'eux même ne « savent pas ».

Je regarde Ange Marie-Lucie avant de sortir de la voiture. Elle me fait un clin d'œil, comme pour détendre ce moment le rendant moins solennel. Nous entrons dans le bâtiment puis dans l'ascenseur nous menant vers le Grand Professeur en gynécologie.

Quand la secrétaire me demande de patienter et de m'asseoir en salle d'attente après avoir pris ma carte vitale, mes jambes sautillent sur elles-mêmes. Je n'arrive pas à garder le calme que j'ai habituellement.

Ma grand-mère s'installe à mes côtés comme à son habitude, et pour une fois, respecte le silence dans lequel j'ai besoin d'être plongée. Les minutes sont des heures quand on attend.

Quand la porte du médecin s'ouvre laissant sortir le patient précédent, je l'observe passer la tête contre le chambranle de la porte et me dire :

- On y va ?
- Non, je ne veux aller nulle part moi, je souhaite rester là…

Je me lève à la suite de l'énergie que ma grand-mère me donne, et à cet instant précis, je la déteste. Si elle ne m'avait rien dit ce soir-là, alors je serais chez moi tranquillement, en train de préparer le repas de mes filles. Et il a fallu qu'elle en parle, qu'elle me dise que quelque chose n'allait pas.

Pourquoi a-t-elle eu besoin de me dire cela ? Pourquoi se sent elle toujours obligée de me protéger ?

J'entre dans ce cabinet immense avec une vue imprenable sur les hauteurs de la ville. Le paysage est magnifique. Son bureau, lui, est stérile. La décoration semble simple et très épurée. À ce sujet, si j'ai le temps à la fin de la consultation, je me permettrai de lui dire qu'un grand tableau coloré au-dessus de son meuble à papier mettrait un peu de joie dans cet office nu.

Lorsqu'il me donne l'ordre me m'installer, je prends place sur l'un des sièges face à son bureau laissant l'autre fauteuil à ma grand-mère.

- Bonjour Madame, nous n'allons pas tourner autour du pot, nous avons reçu vos résultats, ils sont très mauvais.

Bon, eh bien voilà qui est dit, il a oublié de prendre ses gants pour dire les choses ce matin lui…

Je passe mes mains moites sur mon jean, je sens mon cœur taper fort dans ma poitrine, je ne sais pas si je ne préfère pas la torture de ma grand-mère toutes les nuits à cette situation.

Puis-je faire marche-arrière ? Puis-je sortir en courant du cabinet et oublier ce qui se passe à cet instant ?

Ma grand-mère me dévisage car je sais qu'elle sent ce que je vis dans mon corps. Un stress intense, que je ne me sens pas en mesure de vivre.

Marie-Lucie me dit :

- Tu n'as choisi aucune épreuve que tu ne peux surmonter ma chérie.

Voilà qui est super rassurant, merci Mémère ça m'aide beaucoup.

Le médecin reprend à la suite de mon silence :

- Je suis navré de devoir vous dire ça, vous êtes jeune en plus, mais c'est un cancer du corps utérin de stade 3…

Je n'entends pas la fin de sa phrase, ce n'est qu'un bruit de fond. Mes pensées s'envolent instantanément vers mes deux filles.
Quel genre de mère suis-je pour avoir un jour choisi de faire subir cela à mes enfants ? Que vont-elles penser de moi maintenant ? M'aimeront-elles même malade ? Malade moi ?
Un mur de questions m'envahit mais aucune sensation. Le plein et le vide. Et ce bruit de fond qui n'en finit pas…

- Vous comprenez Audrey ?
- Oui *(non)* je comprends *(pas)* bien sûr, je dois faire quoi?
- Nous devrons mettre en place un traitement de chimiothérapie et de radiothérapie pour permettre à ce cancer de diminuer et…

Ma grand-mère intervient pour moi.

- Demande l'opération, le cancer est trop agressif ».
- Quoi ? Quelle opération mais de quoi parle-t'on, bordel ? lui dis-je dans mes pensées.
- Tu as un cancer Audrey, s'il ne t'opère pas, cela pourrait être catastrophique, il faut qu'il t'opère. Sinon, tu pourrais passer par un chemin bien plus compliqué.

Je regarde le médecin intensément alors qu'il parle toujours et que je ne comprends toujours pas ce qu'il m'explique, puis je décide de le couper :

- Ok, j'aimerais me faire opérer c'est possible ça, je veux dire si c'est un cancer agressif, je veux me faire enlever ovaires, trompes, utérus. J'ai deux belles filles, je ne veux plus d'enfants, et puis avec un utérus comme le mien, comment pourrais-je faire un autre bébé ? Ce n'est pas possible, n'est-ce pas ? Donc je souhaite qu'on m'opère et qu'on m'enlève tout.
- Non, hélas Audrey, les choses ne fonctionnent pas comme ça, vous êtes jeune, pour cette raison, nous ne voulons pas vous enlever tout, cela vous causerait une ménopause prématurée et …
- C'est mieux qu'un cancer non ? Et puis je pense que mon corps m'appartient, je vous le répète je ne veux plus d'enfants, et au vu de ce que vous tentez de m'expliquer, il est plus dangereux d'avoir un cancer qu'une ménopause.

Le médecin me regarde dubitatif, j'ai la sensation de lui avoir coupé la chique mais il n 'en n'est rien. Il repart de plus belle dans ces explications que je n'écoute pas, je me suis arrêtée sur ce que m'a dit ma grand-mère et j'ai toujours eu confiance en elle. Si elle pense que l'opération est la solution, alors c'est la solution.

Mon gynécologue finit son monologue, et je sors de son bureau sans même avoir compris ce que je devais faire, ni même avec qui. C'est sa secrétaire qui m'informe que les traitements doivent être mis en place, me demande si j'ai des questions, je lui réponds non de la tête, abattue. C'est à ce moment précis que je prends pleine conscience qu'il ne m'a pas écoutée. Et encore moins entendue. Je repars de cet endroit avec une carte m'indiquant mon prochain rendez-vous, en ayant oublié de dire à mon médecin qu'il fallait qu'il achète un tableau coloré pour l'accrocher au-dessus de son meuble.

Le retour à la réalité dès mon retour à la maison est bouleversant. De retrouver mes filles, de les regarder dans leurs beaux yeux et m'apprêter à fracasser leur vie, je n'en ai pas la force, je verrai demain. Demain. Et puis encore demain.

J'enchaîne les rendez-vous médicaux, de Petscan en IRM, en passant par les échographies, sans oublier la joie des différents prélèvements du col utérin. Je passe beaucoup de temps dans les hôpitaux, et c'est comme si chaque rendez-vous était suspendu dans le temps. J'ai l'impression de marcher à coté de ma vie. D'être spectatrice. Mes anges ne me quittent pas, et c'est assez surprenant, ils me parlent de beaucoup de choses sauf de la maladie. Très certainement parce que je ne veux pas l'accepter, mais aussi parce que j'ai la rage de ne pas être entendue dans mes besoins et mes demandes.

Les médecins semblent formels, l'opération n'est pas envisageable, cela est dangereux et me déréglerait hormonalement et il n'est pas prudent parait-il qu'une femme de trente-trois ans soit ménopausée. Je vois beaucoup de spécialistes afin de me battre pour cette opération. Toujours cette même réponse. Nous essayons, ma grand-mère et moi de tirer toutes les ficelles pour me permettre d'accéder à cela. Marie-Lucie me dit de ne pas me décourager, qu'un jour je serai entendu face à ce combat, que je ne dois pas m'abattre, ni être triste, les choses finiront par s'arranger.

Et plus le temps passe, et plus je me sens démunie, impuissante face à ce crabe qui est en train de me tuer. C'est très difficile de se battre pour une cause que l'on n'accepte pas. Chaque jour me semble plus compliqué que la veille, mais Mémère est à mes côtés.

Surprenant, elle n'a jamais été aussi silencieuse qu'en cette période, cherchant cependant à m'aider énergiquement pour obtenir cette foutue intervention chirurgicale. Ce silence ne me rassure pas.

L'annonce de ma maladie à mes enfants a été difficile, et ce mot est faible. J'ai la sensation de prendre leur petit cœur et de le leur broyer sans avoir aucune maîtrise sur ce qu'elles ressentent parce que je n'en ai aucune, définitivement.

Les anges-gardiens de mes filles ont eux aussi encaissé le coup, essayant de les apaiser quand les douleurs pour elles étaient trop fortes. En vain. Rien ne les apaise, pas même moi. Je viens d'anéantir tout mon monde, moi la première.

Les traitements de chimiothérapie m'épuisent tout comme la radiothérapie, et comme à ma grande mauvaise habitude, je ne montre rien. Ne voulant pas partager avec mes proches mes sensations, mes douleurs. Cela a toujours fait partie de moi. J'aime partager les aspects positifs de ma vie, le reste je le garde en moi.

Mon moral s'amenuise, mes dons avec. Je me concentre sur mes enfants, essayant de ne rien laisser paraître pour les protéger. Cependant je n'y arrive pas, car rien ne peut les protéger de ce foutu crabe.

J'essaie de dialoguer avec elles mais je sens qu'elles aussi, ne veulent pas échanger sur leurs émotions, nous sommes dans une boucle sans fin, je n'échange pas, alors elles non plus, inévitablement. Je tente des moments de douceur avec elles, pour leur permettre de penser à autre chose, mais cela n'est que momentané, illusoire.

Le soir venu, quand elles sont dans leur lit et qu'elles sont profondément endormies, j'aime pousser la porte de leur chambre et les regarder dormir. C'est enfin l'instant où les seules émotions qui se peignent sur leur visage sont le calme et la sérénité.

Je prends doucement conscience que je suis malade, et je me bats non pas contre la maladie, mais pour un combat bien différent : cette opération. Marie-Lucie m'a tout de suite évoqué la solution à cette annonce, l'intervention me permettra de guérir, je crois en elle, et en suis intimement convaincue.

Alors, de rendez-vous en chimiothérapie, de réunion avec de grands médecins plus tard, soit un an et demi après l'annonce de ce crabe, un médecin dont je n'oublierai jamais le visage, a fini par me dire « Audrey, le cancer est trop violent, vous ne voulez plus d'enfants, et puis vous ne pourriez plus en porter de toute façon *(sans déconner)*, nous avons décidé à la suite de vos nombreuses demandes, d'accéder à votre requête, nous allons vous opérer ».

Cela est plus qu'un soulagement, un apaisement, j'ai la sensation de respirer de nouveau et de prendre conscience que mon souffle était éteint depuis cette mauvaise nouvelle.

Le jour de l'intervention a été un jour déterminant pour moi psychiquement. Je suis bien entendu entourée de mes anges, toutes ces âmes sont à mes côtés, prêtes tout comme moi à vivre cet instant. C'est troublant de se regarder dans le reflet du miroir de la salle de bain de ma chambre d'hôpital, habillée d'une blouse parsemée de petites fleurs bleues, le regard d'une guerrière, mais aussi de regarder juste derrière moi et de percevoir ces mêmes regards de mes anges. Plus que troublant, déroutant. Ils sont là, avec moi, et mènent le même combat que moi. Sans un mot, nos regards se croisent, et tout se dit au travers de ceux-ci. Nous allons descendre au bloc opératoire et nous battre. Une équipe.

Mes enfants, mon amoureux, leur présence, leur chaleur, leur douceur, me donnent une énergie incroyable. Étendue sur mon lit d'hôpital, je respire leur existence, et me nourrit à chaque instant de cela. Il y a mes anges terrestres, et mes anges. Nous formons un tout à cet instant décisif. Ensemble nous gagnerons.

***

Mon cœur bat si fort dans ma poitrine dans cette pièce froide et stérile. Je ne vois que des yeux, c'est étrange cette réflexion que je me fais. Que des regards. Tous ces infirmier(e)s qui vont et viennent, occupés à leurs tâches, sans même faire attention à moi, comme un automatisme. Le bruit… Les bruits… de métal. Le scialytique juste au-dessus de moi m'éblouit, cela engendre curieusement un stress caractéristique des blocs opératoires. Ma bouche est sèche, le bip régulier de mon cœur grâce aux électrodes posées sur ma poitrine donne un rythme presque musical dans la pièce. Une main se pose sur mon épaule droite, je pense qu'un membre de l'équipe médicale s'apprête à me rassurer, mais c'est mon frère jumeau, Éric, ange depuis son départ du ventre de notre maman lors de sa grossesse, qui se penche vers moi et me dit :

- Ma sœur, il va falloir t'accrocher et ne rien lâcher. Je suis là.

Mon bras gauche me brûle, oh non, je connais cette sensation particulière du moment où l'infirmier passe le Propofol, anesthésiant dans les veines, ça brûle très fort, mais ça veut dire que je vais dormir dans quelques secondes. Mes filles, mon amoureux, ma famille et puis plus rien….

Lors de l'intervention :

- Je suis où là ? C'est moi ? dis-je à mon ange gardien
- Oui c'est toi, me répond-il en regardant mon corps sur la table d'opération.

Mes yeux observent la pièce de manière très lucide, cela me donne l'impression de n'avoir jamais regardé les choses de cette manière, jamais. Tout est si intense, chaque matière est plus puissante, j'arrive presque à détecter la poussière tomber sur les ustensiles posés sur le plateau en ferraille derrière l'infirmier qui s'affole. J'entends les bruits de la pièce de manière plus douce, comme une mélodie, qui n'en est pas une. J'entends un bip constant, une berceuse. Je pense à une berceuse. Il n'en est rien. Et puis je vois toute cette pièce de manière panoramique, dans son entièreté, son intégralité. J'entends comme plusieurs cœurs battre fort et vite. Chacun ayant un rythme différent. Ceux de l'équipe médicale. Je me vois, endormie sur la table d'opération, avec des tas de bouts de tissu vert sur moi. Je me trouve jolie, apaisée. Le staff s'agite, et ses mouvements dans ma perception sont très fluides, mais préoccupants. Je ne ressens pour autant aucune anxiété. Au contraire, si je fais le point sur ce que je ressens : rien. Je fais le point sur mes douleurs, aucune. Je perçois le haut des couvre-chefs du médecin et de son équipe. Quand je regarde cette fois le guide à mes côtés, je suis dubitative :

- C'est le moment de partir c'est ça ?
- Non pas encore, c'est trop tôt, il faut te battre.

Je ne comprends pas ce qu'il souhaite que je fasse, je suis à ses côtés, me sentant non concernée par ce qu'il me dit.

- Me battre, je crois qu'il est trop tard, je n'ai pas su le faire, lui répondis-je.

- Tu te trompes, Tu es en train de te battre pour vivre. Tu l'as toujours fait. Regarde.

Je ne vois qu'une femme qui me représente sur une table, inerte, avec des tas de tuyaux partout, une équipe sur le corps de cette femme, qui eux se battent pour faire revenir ce corps à la vie. Et quand mon regard souhaite se poser sur mon guide, je ne vois plus que mon ange gardien me faire un grand sourire et je sens une aspiration énergétique que je ne peux maîtriser. Incontrôlable. Et de nouveau plus rien.

Quand mes yeux s'ouvrent, je vois un visage masqué qui semblerait être celui d'une femme, avec des yeux bleus magnifiques penchés sur moi. Je sens une gêne dans ma gorge, c'est même étrange je sens que ça bouge au fond de ma gorge, c'est très désagréable. Je l'entends me dire de ne pas bouger, et de rester éveillée. Mon cerveau se met en marche, et se demande où je suis. Qui est cette femme au parfum sucré penchée au-dessus de ma tête ? Je sens un tuyau sortir du fond de ma gorge, cette femme tire dessus et la sensation qu'elle m'arrache les amygdales est bien présente. Une fois la grosse canule sortie de ma bouche, je tousse fort. L'envie de vomir est là, mais par-dessus tout, l'envie de dormir s'empare de moi. La voix de la femme à mes côtés, qui elle, vérifie certainement certains paramètres vitaux et qui me hurle «ne dormez pas ! »

Je sursaute en me sortant de cette envie irrésistible de me reposer.

Pourquoi me hurle-t 'elle dessus ? Où suis-je ?

Je suis allongée sur un brancard, j'ai froid, mon visage se tourne sur la droite et je vois une vieille dame souffrante sur la civière voisine. Son regard plonge dans le mien, et je comprends que je suis à l'hôpital. Oui ça y est, je me suis fait opérer, on vient de m'enlever mon cancer. Je suis confrontée à divers sentiments, d'abord la joie, oui la joie, et puis le stress qui pointe le bout de son nez.

Pourquoi je stresse ?

Je pense à mes filles, mon amoureux, notre famille. Tout cela, plongée dans les yeux de ma voisine de salle de réveil. Elle souffre et moi je ne sens rien. L'anesthésie sûrement.

Une femme, masquée, gantée, vient vers mon lit. Elle vérifie les constantes sur un appareil à côté de moi. Je l'interpelle :

- Excusez-moi, je vais comment, Madame ?
- Vous revenez de loin. On a eu peur de vous perdre Madame, mais vous vous êtes battue. Bienvenue dans la vie.

Ses mots me heurtent, parce que tout revient dans ma tête instantanément. Mon ange gardien est juste derrière l'infirmière que je n'écoute plus. Je le vois me sourire, fier.

Le chirurgien et son équipe ont fait un travail remarquable, Ils viennent de me débarrasser de mon cancer, et moi je viens de survivre. Je vais vivre.

À mon retour en chambre, la douleur m'assaille, j'aimerais me contorsionner pour prendre une position antalgique, mais je ne peux pas bouger. Ma cicatrice ne me permet pas de me mouvoir, les perfusions et autres outils médicaux m'empêchent également d'effectuer le moindre mouvement. Je sens l'hôpital, je sens la douleur, j'ai peur, mais je suis en vie. La douleur ne cesse de me le rappeler.

Mon jumeau, Éric, debout au pied de mon lit me regarde avec un regard inquiet.

- Dois-je te demander si tu as mal ?

- Non je crois que ne n'est pas nécessaire… lui dis-je le visage crispé.
- La douleur passera, tu le sais. Tu viens de te battre contre toi-même, cela peut être douloureux. Une partie de toi aurait voulu décrocher, mais l'autre s'est accrochée tellement fort que tu lui as botté les fesses, me dit-il en riant.
- Jolie métaphore Éric, mais là tout de suite, j'aimerais me concentrer sur ma douleur.
- Tu me chasses là, ou je rêve ?
- Tu ne rêves pas, c'est bien réel. Sors de ma chambre Éric, lui dis-je, épuisée et douloureuse.

Il quitte la pièce en me faisant un clin d'œil. De mon côté, j'essaie de canaliser ce que je ressens pour tenter de m'apaiser. Je sais que mes enfants, mon homme et très certainement ma famille, vont venir me rendre visite, donc avant leur arrivée, je me dois de paraître rassurante. Je sais aussi à ce moment-là que ce n'est pas ce qu'il faut faire, et pourtant je le ferai.

Je suis réveillée par les mots de ma grand-mère qui parle avec un ange passant dans l'hôpital. Ça me fascine toujours, cette faculté qu'ils ont à parler entre eux. Est-ce que cela nous viendrait à l'esprit de parler à n'importe qui, n'importe quand ? Je sens bien qu'elle ne se soucie pas du bruit que cela représente pour moi puisqu'elle rit aux éclats sans se soucier de mon réveil.
- Oh tu es réveillée ? me dit Marie-Lucie.
- Oui, beau sens de l'analyse Mémère. Tu fais tellement de bruit, tu ne peux pas te mettre dans le couloir pour parler avec les tiens ? Non ? Tu as décidé de te mettre à côté de la tête de lit évidemment…
- Tu as mal c'est ça ?

Elle sait, elle sait que je souffre et que cette douleur ne me permet pas le recul que j'ai sur ces choses-là d'habitude. Je hoche la tête voulant éviter d'être de nouveau désagréable.

- Le médecin arrive, il est dans le couloir, il vient te voir. C'est bien que tu sois réveillée ma chérie.

J'entends quelqu'un qui frappe brièvement à la porte et qui entre, sans y être invité. C'est un médecin. Après tout, cela ne pose aucun problème de ne pas respecter l'intimité des gens. Je vous ai dit que j'étais douloureuse et que je pouvais être irritable dans ces cas-là ?
Je ne peux pas me redresser pour donner une apparence convenable, alors je relève simplement la tête pour le regarder. Il est grand, brun, une cinquantaine d'années, et j'ai l'impression de le découvrir pour la première fois ce monsieur. Il n'est pas souriant, ça veut peut-être dire qu'il va m'annoncer quelque chose de grave ? Je ne sais pas quelle attitude adopter, donc je décide de le saluer.

- Bonjour Docteur.
- Bonjour Audrey, comment vous sentez-vous ?

Je vois ma grand-mère juste derrière lui, lever les yeux au ciel, cela me ferait presque sourire.

- J'ai connu mieux je crois, et vous ?
- Pourquoi tu poses cette question voyons, c'est à lui de te demander et non l'inverse, il va falloir que tu travailles sur ta sur-empathie Audrey, dit ma grand-mère en me fusillant du regard.
- Bien merci, nous avons procédé à une hystérectomie totale, vous n'avez donc plus aucun organe interne féminin. Le col de l'utérus étant très impacté par le cancer, nous l'avons donc

enlevé aussi, et avons procédé à une reconstitution vaginale. Vous pouvez être douloureuse quelques jours *(tu m'étonnes)*, nous allons continuer à vous donner des antalgiques puissants pour essayer de vous soulager. Lors de l'intervention, vous nous avez fait une belle peur, vous avez fait une détresse respiratoire importante, nous avons cru vous perdre. Vous êtes une battante Audrey.

Je ne sais pas quoi répondre à cela. Une battante, non. En tout cas je n'en ai aucune notion. On m'a opérée, je crois avoir fait un voyage particulier pendant cette intervention mais je ne me sens pas battante. Je n'ai sorti aucun gant de boxe, la seule chose sur laquelle je tombe d'accord avec le médecin c'est que je me sens épuisée et douloureuse.

- Que dois-je faire pour mes soins ?
- Quelques séances de radiothérapie probablement, préparez-vous à cette éventualité. Vous êtes désormais ménopausée, donc il vous faudra probablement un traitement hormonal, vous allez connaitre les joies de cette étape de vie unique des femmes.

Je ne sais pas si je dois le remercier pour ces mots.

- Merci.
- Nous ferons des contrôles régulièrement évidemment, et nous poursuivrons un suivi continu. Vous êtes jeune, vous avez une santé fragile, on déconne pas.

On dirait une figure paternelle, et je vois du coin de l'œil, ma grand-mère acquiescer aux mots du chirurgien, cela me ferait presque lever à mon tour les yeux au ciel à mon tour.

- Les infirmières vous expliqueront la suite des choses, et votre possibilité de sortie. Le repos est de mise. De toute façon, vous

ne pourrez pas bouger beaucoup dans un premier temps, pas de port de charge, mais on vous expliquera tout ça plus tard, reposez-vous. Belle journée, Audrey.
- Merci, bonne journée.

Je suis abattue, je comprends ce qu'il me dit mais j'ai l'impression de ne pas l'intégrer, tout comme mon corps qui me semble étranger, différent à l'instant où il quitte ma chambre. Une nouvelle femme. Et par-dessus tout je ne porte plus le cancer. Il est à la poubelle.
Vous voyez ce que je veux dire ?

Quelques heures plus tard, quand mes enfants et mon amoureux poussent la porte de ma chambre d'hôpital, je suis envahie d'un sentiment unique et inconnu jusqu'à ce jour. Un amour d'une puissance inexplicable, infaillible. Une rage de vaincre remplit mon âme et mon cœur. Quand leurs bras me serrent délicatement pour ne pas me faire mal, je me sens vivante. Pleinement vivante. Je comprends que mon combat est sous mes yeux.
Mon frère Éric, Isa l'ange gardien de mon ainée Louisa se regardent et semblent touchés par ce qu'ils voient. Ma famille, mes anges, sont près de moi.
Nous formons une équipe, inébranlable. L'énergie commune me donne le sourire, car même si je sais que tout n'est pas fini, le plus gros est passé. Et par-dessus tout, nous sommes ensemble. Ma plus belle victoire.

Un combat collectif. Ensemble, toujours.

LE HASARD N'EXISTE PAS

Lorsque je grimpe dans ma voiture pour me rendre au travail, je guette l'heure sur le tableau de bord. Merde je suis en retard ! Et je déteste ça. C'est vrai, je n'aime pas arriver à l'heure car j'ai déjà la sensation d'être en retard, alors imaginez quand je suis réellement en retard.

J'ai pourtant calculé le même timing que d'habitude pour déjeuner et me préparer. À croire que le temps a filé plus vite. C'est quand même fou ça, je suis toujours dans les temps, toujours. Pourtant les dix minutes supplémentaires de mon heure habituelle m'indiquent bien que ce matin, il y a eu un problème dans mes calculs.

Pour autant, je me dis spontanément, que cela ne sert à rien de rouler plus vite. Et puis ma grand-mère, déjà dans le véhicule à l'arrière, se charge de me le dire. Là aussi, rien d'inhabituel ! Elle dit souvent qu'elle déteste quand je roule. Je lui demande si c'est ma conduite qui la dérange, elle me rassure et évoque surtout la peur des autres.

Alors je m'engage à mon rythme vers la circulation, après avoir lancé la musique à un volume sonore inaudible.
J'adore la musique, et je l'aime à pleine puissance. Je crois que c'est pour cacher, masquer, le bruit des voix des âmes qui m'accompagnent au quotidien. Si mes oreilles sont occupées à écouter de la musique, alors mes anges, souvent, pas toujours, se

taisent. Et quand ils sont trop insistants pour me parler, je suis dans l'obligation de baisser le son, pour les entendre.

Et parce que je ne souhaite pas que Marie-Lucie se prenne de frénésie à me parler ce matin, je n'hésite pas à remonter encore le volume, quand je la vois ouvrir la bouche. Ce qui a pour effet, de la voir la refermer. Ça me fait sourire. Elle n'aime pas ça.

Elle parle tout le temps. Elle n'a pas de cesse. Ce qui fait que j'ai un brouhaha tout le temps dans ma tête. C'est parfois supportable, parfois pas.

Ce matin, vous l'aurez compris, ça ne l'est pas. Je chante donc à tue-tête sur la musique de Britney Spears « Baby, one more time ! » Bon ok, faudra un jour que je refasse ma playlist !

Quand je regarde ma grand-mère dans le rétroviseur, je vois de suite que ce n'est pas la chanson qu'elle préfère, puisqu'elle lève les yeux au ciel, sûrement dépassée par les musiques de mon temps. Je ris à gorge déployée. Je vois que sa bouche souhaite communiquer, mais je feins de ne pas l'entendre et lui hurle :

- J'entends pas !

Après les petites routes de campagne de mon village, je m'engage cette fois sur l'autoroute.

C'est un délire le matin pour s'insérer sur la voie rapide. Je sais maintenant pourquoi je pars plus tôt, c'est l'enfer cette route.

Quand enfin j'arrive à pousser ma voiture à une allure raisonnable, je me glisse entre deux camions, en attendant de pouvoir doubler.

Nom de dieu, ça ne roule pas, les gens sont à 90 km/h, alors c'est pas que je sois une pilote en voiture, mais c'est à croire que les gens le font exprès.

Vous êtes-vous déjà demandé ce que faisait le tout premier véhicule quand il y a un bouchon ou un ralentissement ? Moi oui, tous les jours. Que fait le mec, ou la nana, qui roule tout devant nous ? Elle ou il s'est dit « je vais faire chier mon monde ce matin et me mettre à 80 sur l'autoroute pour ralentir tout le monde ». Oh les relous sur la route !

Contrairement à mes pensées, j'aime prendre la route, j'aime conduire. Pas tant pour la conduite en elle-même, juste pour la musique à fond. La solitude, enfin presque, et le son ! Je me coupe de tout, j'entre dans un monde bruyant, où tout me semble calme. C'est fou, tout et son contraire.

L'impatience me pousse à mettre mon clignotant et à m'insérer sur la file de gauche pour doubler. J'accélère un peu et la musique dans l'habitacle se coupe brutalement. Mince c'est quoi ce cirque ?
Je m'apprête à bidouiller mon téléphone, jumelé à l'autoradio, mais ma grand-mère toujours à l'arrière du véhicule me dit :

- Ralentis, c'est un ordre !

Je lève le pied, comme par réflexe, et me rabat derrière le camion que je m'apprêtais à doubler.

- C'est toi qui as coupé la musique ?
- Oui, dans quelques secondes, je voudrai toute ton attention ma petite fille ! dit Mémère calmement.
On se croirait dans un film. Je regarde de nouveau dans le rétroviseur m'apprêtant à lui répondre mais je ne la vois plus.

- Mémère ? dis-je à voix haute.

Pas de réponse.

C'est pas ma matinée, je crois ! Elle ne me quitte que très rarement, et encore moins quand je suis en voiture.
Voilà qui a le don de me mettre en panique.
Pourquoi elle m'a dit ça ? Et pourquoi a-t-elle disparu ? Mince, peut-être qu'elle ne reviendra plus ?

Je sens mon cœur battre plus fort, presque paniquée à l'idée de penser qu'elle ne pourrait plus être près de moi désormais. Une sensation de manque m'envahit, alors je tente de me rassurer et me mets à appeler mes anges.

- Vous êtes là ? Éric ? Mémère ? Quelqu'un ?

Aucune réponse. Super ! Moi qui voulais du calme, en voilà. Je regrette tout de suite mes pensées antérieures. *« Promis, je ne me plaindrai plus, revenez ! »*
Je leur parle directement dans ma tête. Et rien, le vide, juste le bruit du véhicule élancé sur la route.

Je me sens tellement seule avec moi-même, cela me met mal à l'aise. J'accélère, poussant étrangement le danger pour permettre à ma grand-mère de revenir, mais toujours rien.

À distance raisonnable du camion, je le vois soudain faire une embardée entrainant sa remorque de gauche à droite et m'obligeant à jouer de prudence en restant derrière lui.

Ce routier a dû se faire surprendre par un animal, ou peut-être est-il au téléphone, ou alors, il est alcoolisé.

Les embardées se font encore plus violentes. Le camion grimpe alors sur l'accotement, visiblement, l'homme ne contrôle plus son long véhicule. Comme dans une scène de film tournée au ralenti, je vois alors la remorque se soulever, l'ensemble se coucher dans le talus fauchant quelques arbustes sur son passage.

Même si l'accident m'a semblé d'une extrême lenteur, l'effroyable bruit de la tôle qui se froisse n'annonce rien de rassurant. Je ralentis jusqu'à m'arrêter et alerte immédiatement les chauffeurs des véhicules derrière moi de mes feux de détresse.

J'ai bien conscience que cela ne sert à rien, car ne pas voir l'accident, même pour les personnes autour de moi, serait un euphémisme.
Je me gare juste derrière le véhicule accidenté, qui lui est près de la bande d'arrêt d'urgence, je sors sans même regarder les voitures arrivant sur ma gauche puis cours vers l'accident.
La carcasse fume. Je ne vois, de là où je suis, que le dessous du camion, et constate que les roues tournent encore.

- Monsieur, vous m'entendez ? me mis-je à hurler, le cœur sortant de ma poitrine, le visage en l'air vers le haut véhicule.

Pas de réponse. Je ne réfléchis pas et grimpe sur le camion pour tenter d'avoir accès à la porte du conducteur. Cela me semble être le parcours du combattant. Je monte, ça glisse. Je m'accroche, et grimpe encore.

- Monsieur ! Vous m'entendez, ? répondez-moi s'il vous plait.

Quand j'arrive à avoir un visuel sur le chauffeur, je constate tout de suite qu'il est inconscient.

- Les secours, appelez les secours, crais-je en m'adressant aux personnes en bas qui se sont arrêtées pour venir en aide au conducteur.

- Je suis en ligne avec eux, Madame ! me dit un monsieur au pied du camion, me montrant son téléphone. Descendez de là, ce n'est pas le moment de vous casser quelque chose ! hurle-t-il.
- Je ne peux pas, je ne peux pas le laisser tout seul. Je reste avec lui.
- Monsieur ! Répondez-moi s'il vous plait, dis-je cette fois au blessé dans le camion.

Rien, aucune réaction. Sauf la voix de ma grand-mère.

- Il est décédé. Tu ne peux rien faire pour lui ma chérie. Il est décédé d'une rupture d'anévrisme. Descends de là. Laisse-nous faire.

Quand je regarde autour de l'habitacle, je constate qu'il y a plusieurs anges, dont certains que je n'ai jamais vus.

- Mémère, je peux l'aider, lui apporter les premiers secours, pour ça, il faudrait que je le sorte de là dis-je d'une voix paniquée en tentant d'ouvrir la bien trop lourde porte côté conducteur.
- Merde, j'y arrive pas ! Mémère, je peux le faire, je peux l'aider !
- Non ma chérie, c'était le moment pour lui de partir, et tu ne peux pas changer ça. Même si tu arrivais à soulever cette porte, qui fait le double de ton poids avec l'inertie, tu ne le sauverais pas, et il ne le faut pas. Il a choisi son moment. C'est comme ça. Mais tu n'es pas ici pour rien. Tu sauras pourquoi, ça va venir. Patience.

Je suis soudain bousculée par un homme qui m'attrape par la taille pour me faire descendre de l'endroit où je me tiens.

- Attendez, faites pas ça, il a besoin d'aide.

- Madame, vous allez vous blesser, descendez de là, je vais l'aider, dit l'homme en m'aidant à descendre du camion.
- Je l'ai vu, j'ai vu son camion partir vers les arbres ! Il est inconscient, je crois. Aidez-le ! dis-je, paniquée, au grand brun face à moi.
- Je vais l'aider, les secours arrivent. Restez ici, je suis sérieux, ça ne sert à rien de faire d'autres blessés, me répond-il en posant ses mains sur mes joues.

Je vois l'homme partir et je le regarde grimper comme je l'ai fait, sur le camion. Je l'entends hurler au conducteur des mots que je ne comprends plus. J'attends là, impuissante.
Les gens autour de moi semblent affolés.

- Vous savez ce qu'il s'est passé ? me demande une dame qui doit être une conductrice.
- Non, j'ai simplement vu son camion faire de petits zigzags puis se diriger vers les arbres. C'est tout. J'ai parlé au chauffeur, il n'a pas répondu. J'espère que les secours vont arriver vite, dis-je en grelottant.

Et voilà que la pluie arrive. Et j'attends là, démunie, sur le bord de la voie rapide. Je sens alors ma grand-mère venir vers moi.

- Je sais que tu te sens impuissante, et tu l'es. Face à la mort, personne ne peut rien faire. C'est comme ça, dit-elle le plus calmement possible.

Je crie dans ma tête :

- Pourquoi tu n'étais pas dans la voiture ? Hein ? Pourquoi tu m'as laissée ?

- J'étais avec lui et son ange gardien. Ecoute-moi attentivement, si je n'étais pas allée le retrouver, si tu n'avais pas eu ce moment de panique à me chercher dans ta voiture, si je ne t'avais pas dit de ralentir, Audrey, tu serais sous les roues de ce camion !

Voilà qui me laisse sous le choc. Je ne sais même pas quoi lui répondre.

- Tout se joue à un instant. Tout. Reprend-elle. Tu es partie en retard ce matin, pour être près de cet homme. Pour me permettre de l'être aussi. Son ange gardien l'a déjà accueilli. Voilà pourquoi tu ne peux rien faire. Il est déjà de l'autre côté.
- C'était qui ? lui dis-je en baissant les yeux, résignée.
- Pascal, marié, et amoureux de sa femme Jeanne, père de trois enfants, dont le dernier a deux mois. Il bossait, tu t'en doutes. Les secours vont dire à la famille qu'il est mort dans cet accident. Et c'est faux. Il n'est pas mort suite à cet accident, mais à cause de sa rupture d'anévrisme. Sa femme, sa famille, vont se demander longtemps pourquoi il a eu cet accident, était-il au téléphone ? Y'avait-il quelqu'un qui a causé ça et s'est enfui ? Tant de questions, sans jamais trouver de réponses. Tu peux empêcher ça. Tu peux lui apporter des réponses. À elle et à la famille entière. Pour ça, tu vas pouvoir le guider, lui, vers elle.
- Quoi ? Je comprends pas là ?
- Écoute, un jour, Pascal viendra te voir, je l'aiderai pour ça. Quand ce sera le cas, il te demandera de parler à sa femme. Alors nous la rechercherons. Ce sera le moment prévu pour lui apprendre ce qu'il s'est passé. Tu pourras à ce moment, la rassurer en lui disant qu'elle n'est responsable de rien. Que lui non plus. Tu vas lui permettre, d'être soulagée et de croire de nouveau en l'amour. Parce que cela l'aidera à se pardonner, à lui pardonner. Tu comprends ?
- Mais je peux pas faire ça ! Tu me vois appeler cette femme dans quelques mois, en lui expliquant que j'étais sur les lieux de

l'accident dans lequel son mari a perdu la vie, lui dire que je suis médium et que son défunt mari souhaite la rassurer, sérieusement Mémère ?

- Oui ! Sérieusement, me répond-elle sans sourciller.

Non, mais je rêve… Je n'imagine pas un seul instant ce moment dans ma vie, et en prendre l'entière responsabilité à cet instant, cela me semble complètement impossible.

- Tu es médium ma petite fille. Et ton rôle de médium se joue maintenant. Il est temps que tu te sentes légitime à cela. Que tu crois à l'authenticité de ce don unique. Que tu crois en toi. Que tu puisses définitivement te dire que tu es là pour aider les personnes qui en ont besoin. Un jour, tu comprendras. Un jour, tu accepteras. Je suis fière de toi ma petite, me dit ma grand-mère en s'éclipsant.

J'ai froid, j'ai peur, je suis triste pour cet homme et sa famille, et je suis trempée, des pieds à la tête, et indéniablement en retard.

Les secours arrivent sur les lieux, et j'ai l'impression que des heures se sont écoulées. Le temps semble si long quand on attend, particulièrement quand c'est un cas d'urgence. Je n'ai pas pu rester sur les lieux au-delà de ce qu'on m'a autorisé à l'être. J'ai expliqué ce que j'ai vu à la police qui est arrivée un peu après les secours. Ils m'ont gentiment remerciée et conseillée de prendre la route prudemment. Je monte donc dans ma voiture, démarre et roule au ralenti. La musique ne vibre plus dans l'habitacle. Je regarde de nouveau dans le rétroviseur, en m'éloignant des lieux du drame, ma grand-mère a repris sa place à l'arrière de ma voiture. Ça me rassure tellement de savoir qu'elle ne m'a pas abandonnée.

Je sais en arrivant au travail, que ma journée sera suspendue dans le temps, parce que rien ne me semble réel depuis que je me suis réveillée ce matin. Un homme est mort, et je n'ai rien pu faire.

***

Quelques mois plus tard.

Quand je sors de ma douche, je constate que j'ai oublié de prendre les serviettes qui me servent à me sécher. Comme beaucoup, je n'aime pas quitter la chaleur de la salle de bain pour aller récupérer mes affaires dans ma chambre, dans le froid.

- Quand on n'a pas de tête, il faut avoir des jambes ! me dit ma grand-mère définitivement sans gêne de me voir toute nue.

Elle est assise à côté du lavabo, et hausse les épaules pour se moquer de moi. Elle a raison cela dit. Si j'avais pensé… Seulement je suis tête en l'air, donc j'utilise souvent mes jambes. Quand je sors de la salle de bain pour rejoindre ma chambre, je manque de tomber en glissant sur le sol avec mes pieds mouillés. Je suis un véritable petit boulet ! Je me rattrape à la poignée de la porte, évitant la fracture du tibia. *Ouf !*
Je rentre donc nue comme un ver dans mon antre. Je me fige immédiatement.

- Merde ! Vous m'avez fait peur ! me mets-je à crier quand je vois plusieurs anges près de mon armoire. Vous ne pouvez pas prévenir quand vous êtes là. Ça gêne personne que je sois à poil ?? Non ?
- Euh non, on a l'habitude ! me répond mon frère Éric.

Je rétorque en me dirigeant vers mes serviettes posées sur le lit :

- Pas moi, je ne m'habituerai jamais à vous montrer mes fesses !

Je saisis les serviettes et tente de me couvrir au plus vite. Ce qui est tout à fait ridicule, puisqu'à l'instant, ils ont tous bien vu mon corps nu.

Aucune intimité dans cette maison !

Je me sèche et prends mes sous-vêtements pour cacher rapidement mes parties les plus intimes, si on peut encore parler d'intimité. Je lève une jambe pour enfiler le premier côté de ma culotte. Une voix me stoppe net dans l'exercice. Une voix que je ne connais pas.
Oh mon dieu, c'est qui encore ?

- Excusez-moi Audrey, le moment n'est peut-être pas le plus opportun pour vous demander cela, mais je crois avoir besoin de votre aide.

Je redresse lentement la tête pour fixer l'homme qui me regarde. Un ange. Un visage qui ne me dit rien. Je ne le connais pas et ne l'ai, a priori, jamais vu.

Je n'arrive pas à enfiler l'autre partie de ma culotte, tant je suis sous le choc de voir un ange inconnu dans ma chambre. Et je reste là, les fesses à l'air, à l'observer, choquée.

- Oh ! Pardonnez-moi. Avant de m'aider, vous pouvez vous habiller bien entendu, me dit l'ange.

Trop sympa dis donc, il m'autorise à m'habiller.

- Euh, alors oui, merci de me l'autoriser, vous êtes vraiment trop mignon ! J'ironise. Vous êtes qui, vous ?
- Oh mille excuses, je ne me suis pas présenté, je suis Pascal.
- Pascal ? Oui, et ? Que faites-vous ici monsieur ? Je comprends pas là.
- Oh, oui, je vous explique…

Je le coupe.

122

- Vraiment trop sympa.

J'ironise encore.

- Vous permettez que je cache mes fesses avant ?
- Oui, oui, bien sûr, me répond-il en me faisant un signe de la main, ce qui fait marrer mon frère.

Je prends le temps de m'habiller et d'enrouler dans une serviette mes cheveux qui gouttent le long de mon dos. *Qu'est-ce que c'est désagréable cette sensation, d'ailleurs !*

Une fois prête, je m'assois sur mon lit, face à ce fameux Pascal, tout près de mon frère et Marie-Lucie.

- Je suis prête, Pascal. Qui êtes-vous ? Enfin, j'ai bien compris votre prénom mais comment pensez-vous que je puisse vous aider ?
- Je suis l'homme qui a perdu la vie dans le camion, il y a quelques mois. Vous savez, vous avez voulu m'aider et …

Je lève la main vers lui l'empêchant de continuer son discours, surprise de le voir là.

- Pascal ? Pascal ? Enfin je veux dire le chauffeur du camion ?
- Oui c'est exactement ce que je viens de vous dire, en effet.
- Oh mon dieu. Je suis tellement surprise de vous voir ici, enfin je veux dire dans ma chambre, dans ma maison. Mais Pascal, je suis tellement désolée de ce que vous avez dû vivre, je n'ai pas pu vous sauver, je pense souvent à vous, vous savez et je prie aussi beaucoup…

- Je sais, me coupe-t-il. Et vous n'avez certainement pas à porter la culpabilité d'avoir voulu m'aider. Vous avez été exactement au bon endroit, au bon moment.

- Non, puisque je n'ai pas pu vous aider, si j'étais arrivée plus tôt, peut-être aurait-on pu éviter tout ça et…

- Non, me répond Pascal. Non, vous n'auriez rien changé. C'était parfait ainsi. C'était le moment. Votre grand-mère m'a beaucoup aidé, vous savez.

Je regarde cette fois ma grand-mère qui me répond d'un clin d'œil.

Je suis si mitigée dans ce que je ressens. La joie de le voir, et la peine de savoir qu'il a laissé une famille anéantie. Et il a raison, la culpabilité de ne pas avoir pu faire mieux.

Il est grand Pascal, très grand. Brun, ses yeux sont verts, presque bleus. Sa carrure est assez imposante et son énergie douce. Il se présente avec une apparence d'homme d'une quarantaine d'années, et je crois me rappeler que l'homme que j'ai croisé, quelques mois plus tôt était jeune. Dramatiquement jeune pour partir de l'autre côté.

- Pouvez-vous m'aider ? me dit Pascal en me sortant de mes pensées.

- Oh… je ne sais pas si je suis en mesure de vous aider, mais je peux toujours essayer. Dites-moi.

- J'aimerais que vous contactiez ma femme Jeanne.

- Je ne comprends pas, comment ça, contacter votre femme ?

- Jeanne ma femme, me dit Pascal comme si j'étais débile.

- Oui, j'ai bien compris que votre femme s'appelle Jeanne, mais je ne peux pas contacter quelqu'un comme ça. Vous ne vous rendez pas compte Monsieur, mais si je l'appelle, je vais lui dire quoi ? Que son mari défunt veut lui parler ? » lui dis-je en riant presque.

- Exactement c'est exactement ce que je veux que vous fassiez. Vous me voyez, vous m'entendez, et vous avez vu cet accident. Aidez-moi. Elle va mal, et il était prévu que vous m'aidiez !

- Non, rien n'était prévu. J'ai rien signé Monsieur, avec tout le respect que j'ai pour vous. Et puis je ne connais pas votre femme, je ne me vois pas lui dire que son époux était dans ma chambre quand je suis sortie de la douche à poil, m'enfin vous imaginez ?

- Alors, vous pourriez éviter de lui donner ce genre de détails, en effet. Cependant j'insiste. Appelez-la.

Je le regarde et je vois qu'il ne lâchera rien. Son énergie est impressionnante, brillante. Cet ange, dans ma chambre, ne semble pas vouloir la quitter tant que je n'aurai pas fait le nécessaire auprès de sa dulcinée.

- Et comment je la retrouve votre amoureuse ?

- On va vous guider, ne vous inquiétez pas, me répond sans sourciller Ange Pascal en se levant.

Non mais vraiment, les anges ne se soucient de rien.
Ils n'ont aucun filtre et ne pensent pas un instant que ma vie n'est pas faite que d'aides aux autres. J'ai aussi besoin de m'aider moi-même.

Pour l'heure, je crois que je n'ai pas trop le choix si je souhaite que Pascal me laisse tranquille. Bien qu'il ne soit pas menaçant, je sais, dans mon ressenti, qu'il ne partira pas sans ce contact. Alors je me lève, descend les escaliers de chez moi, me mets devant mon ordinateur, et l'allume.

C'est parti pour un paquet d'heures de recherches ! Youpi !

Après plusieurs heures de recherches en effet, après avoir entendu Pascal me raconter son histoire, m'épeler son nom de famille, j'ai enfin retrouvé les coordonnées de Jeanne.
Elle vit à quelques centaines de kilomètres de chez moi. Son mari à mes côtés, semble ravi de savoir que les recherches aient abouti.
Je le sens dans la pièce faire le tour, sans fatigue. Je lui ai dit au moins quatre fois qu'il me donnait le tournis, mais je crois vraiment que c'est le dernier de ses soucis.

Ma grand-mère très impliquée dans mes recherches, semble tout aussi ravie que son ami Pascal.
Moi, je suis exténuée d'avoir pris ces heures devant mon ordi à chercher quelqu'un que je ne connais pas. Pendant tout ce temps, je n'ai pas pu faire les choses importantes chez moi et pour mes filles. J'ai à peine eu le temps d'aller aux toilettes.

Maintenant que son numéro et son adresse sont devant mon écran, je ne sais soudainement plus quoi en faire. Je doute de mes possibilités à l'aider. Comment elle va réagir cette petite dame, quand j'aurai fini de lui débiter mes mots ? Pendant que les anges autour de moi sont sûrs d'eux, moi je doute.

Pascal à ma gauche, se cale contre moi.

- Non non, c'est pas le moment de douter, vous pouvez le faire. Nous avons travaillé pour que vous puissiez l'aider, ne doutez pas. Audrey, vous avez fait le plus important, la retrouver. Appelez-la s'il vous plait.

Cette fois, ses yeux semblent tristes, et moi, eh bien, ça me touche toujours beaucoup les yeux tristes.

Ma grand-mère m'encourage avec son énergie débordante. Mon frère Éric, lui, s'installe sur la chaise face à moi, et attend que je décroche mon téléphone.
J'essaie de négocier avec Pascal.

- Si elle ne répond pas, c'est que c'est un signe et qu'il ne faut pas le lui dire. On ne peut pas tout avoir, le beurre, l'argent du beurre et... bref. Nous sommes d'accord ?
- Elle décrochera, me dit l'ange avec un sourire.

J'ai, en effet, oublié que je parlais à des anges et non à ma meilleure amie. Ma meilleure amie aurait bien compris mon humour. Note à moi-même « *Pascal n'a pas d'humour* ».

Quand je compose son numéro, mes mains tremblent. Je ne sais même pas quoi lui dire à cette femme. La première tonalité résonne. Mon cœur bat trop vite. La seconde. Pascal ne tient pas en place. La troisième. Mémère se réjouit en tapant dans ses mains. La quatrième. Éric, lui, me regarde fixement. Ils sont gênants !

- Allô ? me dit une voix que je qualifie d'adolescente.
- Oh euh, bonjour, excusez-moi de vous déranger, je souhaiterais parler à Jeanne, elle est là ?

Mon cœur va sortir de ma poitrine, mon dieu !

- Ouais, M'man c'est pour toi, au téléphone, hurle la voix masculine en m'explosant les tympans.
- Merci, dis-je tout doucement.

J'ai envie de raccrocher. J'ai peur. Et le poids du regard de Pascal ne m'aide pas. Vraiment.

Les bruits audibles dans le combiné, m'indiquent que Jeanne s'en approche, ce qui me rend très nerveuse. Son mari, lui, pose sa main sur mon épaule au moment précis où sa femme me dit :

- Oui ? Bonjour !

La main de Pascal sur moi diffuse en moi une chaleur douce. Il vient de m'enlever, aussi vite qu'un souffle, la peur et l'angoisse dans lesquelles je me trouve.

- Bonjour Jeanne, excusez-moi de vous déranger, ne cherchez pas dans votre tête, on ne se connait pas. Je suis Audrey. J'ai pris du temps pour pouvoir vous retrouver. Avez-vous quelques minutes à m'accorder. Je ne vous démarche pas, Madame, ne raccrochez-pas.
- Euh, oui, j'ai quelques minutes. Mais dans quel but vous m'appelez si vous ne me connaissez pas et que vous n'avez rien à me vendre ? me répond Jeanne en riant presque.
- Alors, peut-être que vous ne me croirez pas, et ce n'est pas grave. Comme je vous le disais, je suis Audrey. Je vis à quelques kilomètres de chez vous. Je suis une des personnes présentes lors de l'accident de votre mari Pascal.
- Pardon ?

Puis le silence. Et je le comprends ce silence. Je lui laisse quelques secondes pour qu'elle assimile ce qu'elle vient d'entendre et qu'elle comprenne parfaitement. Je l'entends respirer, son souffle est devenu plus rythmé. Je me presse donc d'enchaîner.

- J'étais là lorsque votre mari, a eu son accident sur l'autoroute A31 en direction de Metz. J'étais derrière lui quand son camion a basculé.

- Oh, je ne comprends pas Madame. Pourquoi vous m'appelez exactement ? me dit Jeanne presque agacée cette fois.

- Jeanne, vous vous appelez Jeanne, vous êtes la femme de Pascal qui est décédé le 16 mars dernier. Il a eu un accident sur cette autoroute en se rendant au travail avec son poids-lourd. Il était routier. Il a perdu la vie à trente-neuf ans. Il est papa de trois enfants, dont le dernier qui devrait maintenant avoir huit mois. Vous avez ensemble deux filles, Ana, Clotilde et votre dernier s'appelle Mathéo. Je suis médium Madame, je ne travaille pas au FBI, promis, dis-je pince-sans-rire. Le jour du décès de votre mari, quand j'ai assisté à cela, impuissante, j'ai su, ne me demandez pas comment, cela serait bien trop compliqué à vous expliquer, mais j'ai su que votre mari était décédé. Pour des raisons que je n'explique pas, il est venu me voir, pour me demander de vous appeler afin de vous libérer du poids des questions que vous vous posez. Votre mari n'est pas mort dans cet accident, il a fait une rupture d'anévrisme avant son accident et il voulait que vous en soyez informée. La police vous a dit qu'il n'avait pas contrôlé son véhicule. Il n'en est rien. Il m'a longtemps parlé aujourd'hui des souvenirs que vous avez ensemble, de ce voyage à l'île de Ré que vous avez fait juste avant la naissance de Clotilde. Il m'a parlé aussi de votre chat, qui l'a rejoint il y a quelques semaines. Minouche, si je ne me trompe pas, en tout cas c'est comme ça qu'il l'appelle. Je peux continuer Jeanne ?

Le silence s'installe. Et après ce que je viens de lui dire, je n'ose imaginer le tsunami qui se passe dans sa tête, dans son cœur.

- Comment savez-vous tout ça ? dit-elle choquée.
- Madame, je n'ai rien à vous vendre, j'ai juste ce message à vous faire passer. Votre mari Pascal est venu me voir, comme je vous l'ai dit. Il tenait simplement à vous soulager, vous et ses

enfants sur la cause de sa mort. Il n'a rien fait pour se mettre en danger ce jour-là. Et je crois que c'est essentiel pour lui que vous puissiez le savoir. Il m'a également parlé des affaires que vous avez récupérées le jour de son départ, quand vous êtes allée à l'hôpital après avoir déposé votre dernier chez Annie, votre nourrice. Il avait embarqué votre briquet ce jour-là. Le violet, qu'il vous avait offert quelques jours plus tôt. Et il m'a dit avoir fait exprès de vous le prendre, pour vous faire enrager, lui dis-je en souriant.

Cette fois, le silence laisse place aux larmes. Elle pleure. Je poursuis le message que Pascal souhaite lui passer.

- Il m'a expliqué, que quand vous avez retrouvé ce briquet dans la poche arrière de son jean noir, vous avez été prise d'une crise de larmes intense. Vous étiez à l'hôpital, dans un couloir bleu. Bleu ciel. Vous vous êtes assise. Au sol. Je suis désolée Jeanne que vous ayez à vivre cette douleur. Vous et vos enfants. Je crois que Pascal souhaite vous dire qu'il vous aime, passionnément. Tous les quatre.

Rien. Le silence. Puis les pleurs. Et je ne sais plus quoi dire. Alors je patiente, calmement. Éric face à moi, me fait un clin d'œil, ce qui a pour but de me rassurer. Mémère semble bouleversée par ce qui se passe et Pascal, lui, me regarde intensément en me faisant un signe de la tête. Je crois que ça veut dire Merci.

- La dernière chose que je souhaite c'est abuser de votre temps Jeanne. Je respecte vos larmes et votre silence, sincèrement. Je n'ai pas la possibilité de me mettre à votre place. Ce que je souhaite par-dessus tout, c'est donner ce que la vie m'a donné, ce don. Et je viens de le faire. Je vous prie de m'excuser pour ce dérangement.

- Ne vous excusez pas, finit-elle par dire. Je ne sais simplement pas quoi dire. Mais vous, ne vous excusez pas. C'est tellement inattendu, improbable ce qui se passe là, vous comprenez ?
- Bien entendu que je comprends Jeanne, bien entendu.

Je la rassure. *« Ma vie est bercée de moments inattendus et improbables ».*

- Pascal est avec vous en ce moment ? ose-t-elle me demander.
- Oui Jeanne. Et disons qu'il a du caractère !

Elle rit doucement, et finit par éclater de rire. Sûrement les nerfs, la joie de le savoir près de moi, près d'elle. Ou un savant mélange de toutes ces émotions.

- Pouvez-vous me le décrire s'il vous plait ?
- Hmmm, alors si votre question c'est de savoir s'il m'a parlé de ce tatouage que vous avez en commun, mais dont il a eu honte pendant longtemps, alors oui, il m'a parlé de la pieuvre qu'il avait sur la hanche. Vraiment, vous lui avez fait faire sur la hanche ? lui dis-je en essayant de la faire rire.
- Oui, j'adore les pieuvres. Et c'était ma façon de lui demander une preuve d'amour. Et il l'a fait ! Nous avions heu…
- vingt-et-un ans, lui déclarai-je avant qu'elle ne me le dise.
- Oui, vingt-et-un ans. C'est fou ce qui se passe en ce cet instant… C'est quoi votre prénom déjà, pardonnez-moi, je n'ai pas retenu.
- Audrey, je m'appelle Audrey.
- Audrey, vous venez de m'enlever le poids que j'avais sur les épaules depuis des mois. Vous avez un peu de temps à m'accorder ?
- Bien sûr, lui répondis-je avec plaisir.

Nous passerons des heures au téléphone à parler de Pascal et de ses enfants. Évoquant des souvenirs qu'elle se remémore et d'autres que je lui évoque. Cet instant est magique.

Quand je raccroche, fatiguée mais heureuse, je constate que Pascal n'est plus là. Alors je regarde mes anges autour de moi, et leur dis :

- Où est Pascal ?
- Il est parti retrouver sa famille, me dit Mémère avec un sourire paisible.
- Oh ...

Je soupire presque déçue de le savoir ailleurs.

- Il te remercie sincèrement pour ce que tu viens de faire. Et nous, nous sommes fiers de toi, Audrey.

MES RENCONTRES ET LES ANGES

Au fil de ma vie, j'ai comme tout à chacun rencontré beaucoup de personnes. Je suis tombée amoureuse plusieurs fois. Et rarement de l'homme qui a su prendre soin de moi.

Adil

Je me prépare à mon premier jour de travail en apprentissage en vente. J'ai trouvé un magasin dans un centre commercial, où je pourrai faire mes deux années pour obtenir mon CAP BEP Vente. Lors de mon entretien avec la directrice, j'ai senti tout de suite que les choses allaient être compliquées. Je l'ai trouvée hautaine, sophistiquée, tirée à quatre épingles. Son discours m'avait heurté du haut de mes quinze ans, mais ma grand-mère ce jour-là, m'a dit de mettre ce sentiment de côté, que j'avais des choses à vivre dans ce lieu. Je lui ai fait confiance. Alors, c'est stressée tout de même que je me dirige vers la gare prendre mon train. Le magasin se situe à quelques dizaines de kilomètres de la maison de Maman. Alors le train est indispensable. Quand j'arrive dans le centre commercial, le monde autour de moi me donne le tournis. Peut-être est-ce l'angoisse du nouveau, ou le nombre incalculable d'âmes dans ce centre. Je me dirige vers le magasin qui m'accueille. Je prends le temps de respirer et entre pour me présenter.

Cet accueil n'a rien d'agréable, les vendeuses sont très occupées, la seule qui me parle en passant, Olivia, au vu du nom sur sa blouse, me dit d'aller prendre une blouse en réserve. Je ne sais même pas où se situe la réserve. Je lève les yeux pour repérer un indice mais rien.

- C'est par là ! me dit Olivia en me montrant une porte cachée entre deux rayons alimentaires.
- Merci.

Je me dirige donc dans cette réserve et enfile la blouse posée sur la table de repas. Je me sens prise d'angoisse, et me demande ce que je fais là.

Quand je sors habillée à l'enseigne du magasin, je me sens ridicule et absolument pas à ma place. Je ne sais pas quoi faire de mon corps, ni où aller. Alors je vais vers cette Olivia, qui devient ma roue de secours et je lui dis :

- Excuse-moi, je suis habillée, je dois faire quoi ?
- Oh, et bien tu peux aller à la petite boucherie, servir les clients par exemple.
- Je n'ai jamais fait ça, tu peux m'aider ?
- Non, je suis occupée. C'est pas compliqué, tu dis bonjour et demande ce que les gens veulent. Fais simple, il ne faut pas un bac plus dix pour faire ce boulot.

Alors là, si elle souhaite me mettre à l'aise, c'est cuit. La sensation d'être stupide s'insinue en moi, je n'y arriverai pas. Je suis nulle.

Sans lui répondre, je me dirige vers la toute petite boucherie qui donne accès aux passants du centre commercial. Là aussi, j'ai l'impression qu'une pancarte allumée clignote sur mon front « je suis nouvelle, et je suis nulle ». Je retrouve une femme d'une quarantaine d'années, qui s'affaire à ranger l'étalage. Elle me salue d'un mouvement de tête.

La journée va être longue ... C'est bien entendu le moment où un client arrive, me regarde dans les yeux et me dit :

- Ben alors, vous me servez ?
- Oh merde c'est à moi qu'il parle ?
- Oui bien sûr, dites-moi, vous voulez quoi ?
- Mettez-moi dix tranches de jambon.

Qui prend dix tranches de jambon ? Alors j'ai bien la demande du client, mais je ne sais pas du tout comment lui donner ses fameuses tranches. La collègue me regarde dubitative, comme si elle était choquée que je ne sache pas faire. Elle regarde la trancheuse et me dit :

- C'est avec ça qu'il faut le couper.

Je prends le bloc de jambon dans l'étalage, je le pose sur le disque trancheur. Nom de dieu, je n'ai jamais fait ça de ma vie.
Et bien entendu, c'est déplorable. Je n'ose pas lever les yeux vers le client, qui, a priori n'est pas satisfait de ma performance, et je bloque mon regard juste derrière lui.

Au loin, je vois un homme immense, les bras chargés de vêtements qui longe l'allée pour franchir une porte, par laquelle il disparait. *Waouh c'est qui lui ?* Un dieu tombé du ciel.

La sensation de connaitre cet homme depuis toujours s'impose à en moi. Je ne sais pas d'où il vient, ni où il va, mais c'est bien réel. Ce garçon, bien plus âgé que moi, est magnifique.

- Je peux les avoir mes tranches de jambon ? me dit le client peu sympa, face à moi.
- Oui, oui, bien sûr.

Je me concentre sur ma tâche, et aussi laborieux que ce soit, je finis par lui déposer ces dix tranches très épaisses dans un sachet, et le lui tend.

Je suis perdue. Ma collègue le sent, alors elle me bouscule d'un mouvement de hanche me disant qu'elle va finir.

On me charge de faire de la mise en rayon toute la matinée, simple, efficace. Ce que je fais, sans grand plaisir.

Quand l'heure de la pause de midi arrive, j'ai hâte de sortir de cet endroit. Je vais me chercher un sandwich à la boulangerie du coin, et m'installe à même le sol dans la galerie pour déjeuner. Quand je croque ma première bouchée, l'homme dieu, passe devant moi, à quelques centimètres. Je le regarde avec une grosse bouchée dans la bouche, un bout de pain qui dépasse de celle-ci, et c'est à ce moment précis qu'il décide de me regarder. Oh la honte !
Je n'arrive pas à engloutir cette satanée bouchée. J'essaie pourtant avec des mouvements répétitifs de ma bouche. Rien à faire. C'est donc comme ça, qu'il me voit pour la première fois. Super ! Il me regarde en souriant, je pense qu'il a bien compris mon moment de gêne et de galère *sandwithtical.*

- Bon appétit, me dit l'homme près de moi, après avoir ralenti le pas.
- Mer-ciiiii, finis-je par dire la bouche pleine.

Je le vois partir, *il est ma-gni-fi-que.*

Ma grand-mère assise à côté de moi me dit :

- T'as craqué pour cet Apollon ?

- N'importe quoi, répondis-je en avalant difficilement.
- Il est beau, c'est vrai.
- J'ai rien dit Marie-Lucie, tu t'enflammes.

Elle sourit, mais ne me dit plus rien.

L'homme de mes tourments passe plusieurs fois depuis quelques jours devant la boutique où je suis toujours les bras chargés de vêtements. Je mange chaque midi, au même endroit, en faisant attention à la quantité d'ingrédients que je mets dans ma bouche avant qu'il ne passe. Chaque jour, il traverse le couloir, en me disant bonjour. J'ai comme l'impression que cela devient une forme d'habitude.

Il me sourit, et j'ose penser que parfois il le fait tendrement. Mémère, tous les jours, me dit qu'il arrive et insiste sur le fait qu'il est vraiment beau.

Seulement l'habit ne fait pas le moine, on le sait tous.

Un midi, le garçon s'arrête devant moi, qui suis assise par terre. Je relève mes yeux qui ne voit que ses baskets. Ce mec est immense. Son sourire est doux, son visage magnifique, et son énergie sombre. Il flotte tout autour de lui une forme grise. Peu agréable à regarder. Mais son visage angélique prend le dessus.

- Salut, je m'appelle Adil, bon appétit. Tu manges là tous les midis, n'est-ce pas ?

Cette fois, mon cœur tambourine avec force. Je suis prise entre l'envie de le découvrir et celle de m'enfuir loin, très loin.

- Salut, moi c'est Audrey, et oui, je mange ici chaque jour. Tu bosses dans le coin ?

- Oui juste au-dessus de ton magasin, à l'étage. Je t'ai vue arriver il y a quelques jours. Donc nouvelle ?
- Humm c'est vrai ! Et c'est pas top cette boutique franchement, lui dis-je, pour faire la conversation.
- Oui, la patronne est connue ici pour ne pas être la plus sympa, t'as pas choisi la bonne boutique. Je file, à plus tard.
- À plus tard.

Je lui fais un signe de la main alors qu'il est de dos. *Pathétique Audrey !*
Ma grand-mère, toujours à mes côtés, vous l'aurez compris, me sourit bêtement.
Je réfléchis à ce que je ressens. La peur paralysante, et l'envie de me découvrir émotionnellement.

Les jours suivants se ressemblent, mais arrive ce jour particulier où, cette fois, Adil me donne un bout de papier en passant près de moi. Je m'en saisis et le remercie d'un mouvement de tête. Il ne fait que passer, alors j'attends de ne plus le voir pour ouvrir le papier délicatement plié. Il a inscrit son prénom et son numéro de téléphone. Mon cœur bat fort dans ma poitrine. Cet homme, magnifique, est en train de me demander de l'appeler ou je rêve. Je garde précieusement son message que je glisse dans ma poche. Et retourne finir ma journée, dans cet endroit que je déteste.

Quand le soir, je rentre chez moi, je ne dis rien à Maman, elle ne comprendrait pas, et ne m'autoriserai de toute façon pas à m'entretenir avec un garçon. Un homme. Elle me dirait que cela est interdit à mon âge. Alors j'évite le sujet, en lui racontant exclusivement ma journée de travail. Je lui mens. Je lui dis que tout se passe au mieux, que j'aime vraiment ce que je fais. Cela m'évite un recadrage à sa façon, que je déteste par-dessus tout.

Je monte dans ma chambre après ma douche, expliquant à Maman que la journée m'a fatiguée et que je souhaite me reposer.

Une fois dans mon lit bien au chaud, je saisis mon Mobile Alcatel OLA jaune (rien que ça), j'entre son numéro. J'attends plusieurs minutes à regarder bêtement mon téléphone sans savoir quoi écrire. *Dois-je lui écrire d'ailleurs ?*

Je pense aussitôt que s'il m'a donné son numéro c'est bien dans ce but-là. *Mais quoi lui écrire ?*

Je pose mon téléphone à côté de moi et réfléchis encore une fois à ce que je ressens comme émotions. Je me sens mal, peureuse, le cœur battant fort. Il m'intimide, et puis c'est la première fois qu'un homme recherche mon attention. Un homme ! Je pense à l'énergie qu'il dégage et cela me fait peur.

Mon frère jumeau à mes côtés me dit :

- Tu ressens tout ça pour lui ?

- Oui, j'ai envie mais j'ai peur. Pourquoi cela me fait peur ? C'est pas normal non ?

- Si ça l'est, c'est nouveau dans ton corps ce sentiment. Je sais que rien n'arrive par hasard, tout est écrit. Fais, expérimente, trompe-toi, apprends.

- C'est pas super rassurant ce que tu me dis, je sais que la vie est là pour m'apprendre mais si je peux éviter de me brûler, ça me va.

- Tu n'éviteras rien frangine, c'est écrit. Il doit passer dans ta vie cet homme, me dit mon frère.

- T'as raison !

C'est à cet instant précis, sans le savoir, que j'allais écrire un tournant de ma vie.

Je saisis mon téléphone, et tape :

- Salut Adil, c'est Audrey du centre commercial.

Et j'envoie le message en me disant que je suis idiote d'avoir écrit ça comme ça. Il ne me répondra pas, c'est sûr. Il est nul ce message, pourri. Un bip retentit m'annonçant l'arrivée d'un message. *Merde il m'a répondu.*
Ma grand-mère me dit :

- C'était le but.

Je ne focalise mon attention que sur la réponse d'Adil.

- Salut Audrey du centre commercial ! Sympa de m'écrire. Tu vas bien ?

Je tremble, il me demande comment je vais. *Comment je vais déjà ?*

- Je vais bien merci. J'espère que toi aussi. Merci de m'avoir donné ton numéro. Je peux te poser une question ?

Sa réponse ne se fait pas attendre...

- Je t'en prie, bien sûr.
- Dans quel but tu m'as donné ton numéro ?
- Tu me plais, tu m'as plu à l'instant où je t'ai vu, Audrey. Je ne savais pas comment aborder ce sujet avec toi. Voilà, tu sais tout.

Alors là mon cœur ne bat plus, il a cessé toute activité. Tout comme mon cerveau. Je relis plusieurs fois le message, le décortiquant, pensant que j'ai oublié un mot entre les lignes. Les anges assis au pied de mon lit, se regardent entre eux. Ils sentent indéniablement ce que je ressens à cet instant. Et en les regardant, je vois malgré tout le regard inquiet de ma grand-mère. Je tente de chasser ça de ma tête, je laisse mes doigts taper la réponse à Adil.

- Oh... Je ne m'attendais pas à cette réponse.
- Mince, elle te déplait cette réponse ?
- Non, ce n'est pas ce que je veux dire, mais aucun garçon ne s'intéresse à moi d'habitude. Je ne suis pas la plus jolie fille du coin, alors je suis étonnée.
- Tu es très jolie, et tu m'intéresses !

Voilà qui est direct, et qui m'incite à me demander instinctivement quel homme fait ça, aussi vite, aussi fort ? *Est-il honnête ? Se fiche-t-il de moi ?* Un million de questions arrivent dans ma tête. Les jeunes garçons de mon âge se sont toujours fichus de moi. Me faisant croire que je leur plaisais, mais une fois notre rendez-vous fixé, mon soupirant venait avec des amis pour se moquer de moi. Me disant souvent que j'étais bête de penser que quelqu'un pouvait m'aimer. On m'a dit souvent que j'étais laide, inintéressante, sans saveur. Alors pourquoi un homme, qui semble bien plus âgé que moi, s'intéresserait à moi...*Est-ce que lui aussi va blesser mon cœur ?*

- Je t'ai perdue ? m'écrit Adil.
- Non, mais je ne sais pas quoi répondre. Juste que j'ai peur, lui répondis-je.
- Je ne te veux aucun mal, j'ai juste été honnête en te disant que tu me plais, et si tu le veux, on pourrait se voir ailleurs que dans cette galerie commerciale. Tu en penses quoi ?

J'en pense rien, j'ai peur, et c'est normal parce que c'est la première fois que je ressens cela. La première fois que je me sens convoitée. Je demande à mes anges ce que je dois faire.

- Écoute toi, c'est l'unique chose à faire, me dit Marie-Lucie.
- Tu as envie d'y aller, de le voir pour le découvrir ? me demande mon frère.
- Oui je crois que j'en ai envie, dis-je.
- Alors fais-le ! répondent mes deux anges presque en chœur.

Alors je prends le téléphone, et écris :

- D'accord, mais ne me fais jamais croire quelque chose qui n'existe pas.
- Promis ! Alors on se voit quand ?

Nous échangeons pendant plusieurs jours. Nous nous appelons parfois jusqu'à tard dans la nuit. Je lui demande d'être patient, je ne suis pas prête à le voir dans un autre cadre que celui-ci pour l'instant. Et il est patient, ne me brusque jamais.

Il respecte mon besoin de temps. Il a des mots jolis me concernant, de douces intentions qui font vibrer mon cœur. Et même si je ne travaille plus dans ce petit magasin de vente de produits bio, cela ne nous empêche pas de passer un temps incroyable à échanger un nombre incalculable de sms ou d'appels.

Le jour où je décide de le voir, est particulier puisque les anges autour de moi sont aussi nerveux que moi. Je me prépare en me faisant jolie et eux, sont agités. Ce qui ne m'aide vraiment pas, parce que je ne peux m'empêcher de me demander si c'est pour m'avertir de certaines choses. Mais bien entendu, comme à leur habitude, quand les choses sont pour moi, on ne me prévient jamais.

Cette rencontre, dans un café de sa ville, est des plus douces. Adil est comme dans mes souvenirs, un homme beau, grand et fort. Je le trouve galant, et respectueux. Je commande un café, tout comme lui, et nous échangeons des banalités. Je pense que nous sommes tous les deux nerveux de nous découvrir pour de vrai. Il m'invite à l'accompagner chez lui, ce que j'accepte avec plaisir. Alors c'est tout naturellement que nous montons dans un bus, qui nous dépose à un endroit que je ne connais pas.

Ma sensation est étrange, je me sens plus adulte, et tout son contraire, très enfant. Comme une enfant qui découvre ses cadeaux de Noël, mais qui a l'appréhension de savoir ce qui s'y cache. Quand nous rentrons chez lui, je constate qu'il vit dans un endroit minuscule. Son « appartement » fait la taille de la chambre que j'occupe chez ma mère. Un lit une place car un de deux personnes ne passerait pas. Un plan de travail où télévision et téléphone sont posés. Une cuisine de deux mètres sur deux, avec un évier et un frigo d'appoint. La salle de bain, dieu merci, est séparée du reste de la pièce à vivre. Elle comporte une baignoire, des toilettes, un lavabo. Rudimentaire.

L'angoisse monte instantanément quand j'entre chez lui. La peur d'être seule avec Adil. Ou l'insécurité dans laquelle je me trouve dans cette pièce toute petite. Mes anges, toujours à mes côtés n'émettent aucun commentaire. Ils observent l'environnement dans lequel nous sommes. Ma grand-mère ne cesse elle de me dire qu'il faut que je m'écoute. Et je ne prête pas attention à la boule d'angoisse qui me monte à la gorge. Puisque je reste là, figée comme une potiche, à ne pas savoir quoi dire. Il enlève sa veste et me dévisage avec un sourire moqueur.

- Mets-toi à l'aise Audrey.

Sa phrase devrait en effet me permettre de me détendre, mais elle fait tout l'inverse. Cela me tend instantanément. Je suis tout, sauf à l'aise.

- On dirait que tu as vu un fantôme, ça va ?
- Oui, oui, non bien sûr que non... enfin j'ai pas vu de fantôme, je veux dire, dis-je, maladroite.
- Enlève ta veste, je ne vais pas te manger, dit Adil, en se dirigeant vers la petite kitchenette.

Il sort du réfrigérateur du jus d'orange, et le lève vers moi.

- T'en veux ?
- Euh, non merci.

Je veux juste sortir d'ici, j'étouffe.

- On va vivre une belle histoire, toi et moi. J'en suis sûr, Audrey.

Je ne suis bizarrement pas convaincue de ce qu'il me dit. Mais comme à mon habitude, je ne me fais pas confiance et acquiesce d'un mouvement de tête.

Notre rencontre est vite devenue une relation amoureuse. Parce que je crois avoir été éprise de lui la première fois où je l'ai vu. Mes anges mettaient en avant le fait de m'écouter. Ils m'expliquaient souvent que mon jugement face à lui était biaisé, car je ressentais déjà de l'amour. Ne dit-on pas que l'amour rend aveugle. Pour ma part, il m'a fait perdre tous mes sens. Même les plus innés.

Cette romance a commencé joliment, doucement, amoureusement. Mon histoire avec cet homme a été particulière, je crois que c'est le terme exact.

144

Puis elle est devenue douloureuse, féroce, délurée. Je suis devenue son objet. Où la souffrance et les douleurs étaient sa récréation.

Pendant presque deux années, je n'ai connu que la puissance de la douleur interne. Celle que l'on ne voit pas. Je me suis enfermée sur moi-même, en moi-même pour me protéger. Pour m'évader lors de ces souffrances physiques, mentales. Il fallait que je m'en protège sans cela je ne serais plus là.

Aujourd'hui, après plusieurs mois sans voir ma famille, en étant isolée chez lui, je me sens malade. Fiévreuse, avec un corps couvert d'ecchymoses. Cassée. Ma toux m'arrache la gorge et les poumons. Je suis dans son lit, et je l'entends râler des débilités sur mon état. Je ne peux pas me lever, je ne m'en sens pas la force. Je sais qu'il souhaite que je fasse mes tâches quotidiennes, mais mon état fébrile ne me permet pas de le faire.

Quand je regarde autour de moi, je le vois, lui de dos, mais ne vois aucun de mes anges. Cela me frustre parce que sans eux, je ne me sens pas protégée. Je me sens seule avec mon bourreau, et me sens incapable d'agir. Je souhaite quitter cet endroit dans lequel je suis prisonnière depuis trop longtemps.
Mais à chaque fois que je souhaite le faire, quelque chose me dit que ce n'est pas le bon moment. Plusieurs fois, j'ai essayé. Plusieurs fois, j'ai échoué. Je me dis que cela ne peut pas être aujourd'hui, mon état de grippe est trop virulent, et la force me manque. *Depuis quand me manque-t'elle d'ailleurs ?*

- Lève ton gros cul du lit ! me hurle Adil.
- Je suis malade, j'ai besoin de médicaments, Adil. Laisse-moi aller voir un médecin !

- Il est hors de question que tu sortes d'ici ! Ça va passer, lève-toi !

- Je ne peux pas ! J'ai de la fièvre, je tiens pas debout, il me faut un traitement !

- Tu fais chier, merde ! Je vais à la pharmacie te chercher tes merdes et après je te veux en forme !

- Promis , lui dis-je abattue mais tellement heureuse de savoir qu'il va enfin quitter cette prison. Où enfin, je vais pouvoir me sentir libre en son absence.

Je sais ce qu'il veut. Ce qu'il souhaite, c'est me tuer à petit feu.

Quand, enfin, j'entends la porte de l'appartement claquer, mes poumons relâchent le trop plein d'air qu'ils enfermaient. Je me roule en boule dans le lit, et pleure les larmes qui veulent bien couler.

- Tu vas rester là, à attendre de mourir ?

Je relève la tête et vois ma grand-mère Marie-Lucie au pied du lit, debout. Sa voix est douce, presque comme une berceuse. Je ferme mes yeux tellement fort, que des tas de couleurs se glissent derrière mes paupières. Des tas de lumières. C'est tellement beau, cela m'évade.

- Audrey, cela va faire bientôt deux ans dans votre espace-temps, que tu t'épuises. Qu'il t'épuise. Et a priori, deux ans c'est long. As-tu regardé ton âme ? Regarde comme elle brille. Tu as vécu les pires tortures que l'on puisse infliger à un être humain, les pires ma chérie. Tu as lutté, tu t'es battue, maintenant il faut passer à autre chose. Je t'assure que des choses merveilleuses t'attendent, tu peux me croire. Mais ce n'est pas ici que tu les vivras. Alors cours, accroche-toi à ce qui vibre en toi. C'est là… Cours ma chérie. Vite, très vite et ne te retourne pas.

Les mots de ma mémère me marquent, profondément. Car je sais qu'elle a raison. Mais j'ai tellement peu de force en moi. Je me sens tellement vide dans mon âme.

- Lève-toi ! Il va finir par rentrer. Lève-toi !
- J'ai mal, j'ai froid, j'ai peur Mémère.
- Ma petite-fille, si tu ne fais rien, tu perdras ta vie. Lève-toi, me crie Marie-Lucie.

Je ne sais pas avec quelle force, celle que ma grand-mère vient de me donner, ou la mienne, mais je lève la couette de mon petit corps fatigué, et me lève.

Je prépare quelques affaires, et j'attends patiemment non sans angoisse qu'il rentre. Je cache le peu d'effets personnels que j'ai dans un petit sac dans le placard minuscule de l'entrée. *Réfléchis Audrey, quelles sont ses habitudes de vie, tu vis ici depuis très longtemps tu le sais, concentre-toi !*
Tout tourne dans ma tête, la peur, et puis l'excitation de pouvoir sortir de là, définitivement. Je décide de mettre un mini plan en place. *Détourne son attention, et fuis, Audrey !*

Lorsqu'il pousse la porte d'entrée, il la referme, et laisse les clefs sur la porte, ce qui m'apaise réellement. Je me suis enroulée dans la couette, cette fois habillée chaudement. Mon cœur bat si fort qu'il se voit quand je pose mon regard sur ma poitrine. Il me lance le sac de médicaments au visage, et je le remercie.

- Trente balles que je viens de dépenser pour tes conneries. Trente balles. Faudra que tu fasses le nécessaire pour te faire pardonner, tu le sais ça, hein ? me dit-il en agrippant mon visage de sa grande main.

147

- Je le ferai, lui répondis-je, résignée.
- Y'a intérêt que tu vas le faire. Je vais me doucher, prépare-toi
!

Quand la porte de la salle de bain se ferme et que l'eau de la douche se met en fonction, je saute du lit. *C'est maintenant !* Même si je n'ai aucune force, avec cet état fébrile dans lequel je me trouve, je sens en moi comme quelque chose qui se développe, qui me pousse à foncer.
Alors je m'écoute pour une fois, et prend mon sac de fortune. Mes anges à mes côtés, comme une armée. Je pose la main sur la poignée de la porte et l'ouvre délicatement. Je sors de cet enfer, et me mets à courir. Vers la liberté…

Alors beaucoup diront, que quand nous vivons des violences conjugales, nous devrions partir. Peut-être jugerez-vous le temps que j'ai mis à m'enfuir. Et ce n'est pas grave. Je sais pourquoi j'ai mis du temps à partir. Parce que j'avais peur, j'étais terrifiée. Parce que cet homme m'a affaiblie tous les jours, pour mieux faire de moi son animal de compagnie. Mais par-dessus tout, parce qu'Adil m'aura donné les plus merveilleuses émotions. Le goût de la liberté, car sans l'enfermement dans lequel il m'a maintenue, je n'aurais pas connu ce réel sentiment de liberté. Parce qu'aujourd'hui, j'ai pleine conscience de ce que je peux accepter par amour, mais aussi de ce que sont mes propres limites. J'ai appris à me connaitre, moi et les limites de mon corps. Il m'aura appris à aimer, démesurément, et par-dessus tout, il m'aura appris à me battre. Pour mon indépendance.

148

Je ne le remercierai jamais assez pour le cadeau merveilleux qu'il m'a donné, elle s'appelle Louisa, elle est ma fille.

Car oui, ce jour-là j'ai senti une force me pousser à partir, une force qui venait de l'intérieur. Et sans le savoir, ma fille me donnait déjà son amour inconditionnel pour me permettre de faire face à un nouveau combat. Le combat de la garder près de moi. Et pour clôturer ce chapitre, il m'aura permis d'être la guerrière que je suis.

Alors Merci, Merci Adil. Que ton âme repose en paix.

***

Jérôme

Mon amie est venue me voir ce soir, et c'est avec joie que je l'accueille à la maison. Même si ma fatigue se fait sentir, je suis toujours heureuse de voir les personnes qui comptent pour moi, et Marylin compte beaucoup pour moi.

Je lui ouvre la porte et regarde son grand sourire réconfortant quelques secondes. On se serre fort l'une contre l'autre, je suis ravie de la voir.

Elle prend des nouvelles régulièrement de mon état de santé, qui disons-le, n'est pas toujours au top.

Je la fais entrer dans mon salon, et comme à notre habitude, je vais nous couler deux tasses de café. Quand je m'installe avec elle sur le canapé, nous refaisons le monde. Elle me parle de ce qu'elle vit, et je l'écoute avec beaucoup d'attention. Bien entendu, nous parlons de moi, et cela tourne toujours beaucoup sur le sujet de ce foutu cancer.

- Je n'ose imaginer ce que tu vis en ce moment ma belle, me dit mon amie avant de boire une gorgée de son café.
- Je tente de garder le moral, il y a pire dans la vie, je le sais. J'ai de la chance de pouvoir me battre, d'autres n'ont pas cette chance.
- C'est vrai, tu as raison. Et sinon, un petit mec en ce moment ? m'interroge Marylin en me faisant un clin d'œil.
- Non, j'ai autre chose à faire que de mettre un mec dans l'équation à ce jour. Mes filles me prennent beaucoup de temps, même si elles vont chez leur(s) papa(s) régulièrement, et moi eh bien je te fais pas de dessins, je suis malade, donc…
Elle me coupe :

- Donc, c'est une raison pour ne voir personne ? Non ! Sors, bouge, vois du monde. Peut-être que la perle rare t'attend quelque part !

Je ris en l'écoutant, mais je ne peux m'empêcher d'enchainer :

- La perle rare, sans doute qu'elle m'attend au coin de la rue. Non, plus sérieusement ma douce, je ne pense pas être en mesure d'attirer un homme dans mon état. Je ne vends pas du rêve.

Je mime en faisant les guillemets. « Nana avec deux enfants, et son cancer cherchent l'homme de sa vie » Je ne pense vraiment pas que cela soit vendeur. Et puis, tu sais que je peux lui offrir la mort, parce que si ce foutu crabe me tue …

- Il ne te tuera pas, me dit mon amie. Tu ne vas pas mourir. D'abord je te l'interdis, ensuite tu es combattive, ma belle. Donc tu ne mourras pas. Et je suis certaine qu'un homme pourrait être heureux à tes côtés. Tu as essayé les applis de rencontres ? Vu que tu ne sors jamais, ça peut être une bonne alternative, non ?
- Non bien sûr que non ! Pour quoi faire ?
- Eh bien, trouver un mec ! C'est le but, allez viens on s'inscrit !
- Non vraiment, ça ne me tente pas ma douce, et puis je sais pas si je suis prête à tout ça, un mec au quotidien, et …
- Bla bla bla, foutaises ! Tu as besoin d'aimer et d'être aimée comme tout le monde. Donne ton téléphone, je te télécharge l'application et si t'aime pas, eh bien tu la vires et hop ! me dit Marylin déjà excitée à l'idée de me voir céder.
- Je suis pas fan à l'idée !
- Mais t'es fan de rien, regarde, tu as trente-quatre ans, pas de mec, mère célibataire et un cancer en plus, pas ouf, donc viens on te fait du bien ! Allez ! me répond-elle en saisissant mon téléphone.

- Ai-je le choix…
- Non, je ne crois pas, et cela me met le sourire…

Une bonne idée, non je ne suis pas certaine finalement.

Mon amie partie, je suis dans mon lit et mon téléphone émet des bips en permanence. Quand j'ouvre l'application, je remarque que Marylin a mis une photo de moi en noir et blanc. Les messages montrent que j'ai du retard dans ma lecture. Vingt-sept messages de retard. *Oh mon dieu, c'est quoi toutes ces notifications ! Et puis ces quoi ces photos que je reçois, oh non mais c'est pas vrai ?*
Comment une personne que je ne connais pas peut-elle envoyer des photos de ses parties intimes sans même un bonjour ? D'ailleurs même en disant bonjour, c'est on ne peut plus déplacé. *Je n'ai pas demandé à recevoir des zizis de formes bizarres dans ma description ? Si ?* Du coup, je vérifie le profil créé par mon amie. Rien de ce genre... *Les gens sont fous.*

- Non mais sérieusement, dis-je à voix haute, seule dans mon lit.

Mon frère ange, assis par terre face à moi, me répond :

- Quoi ? T'aimes pas ?
- Non j'aime pas, pourquoi je devrais aimer recevoir ce genre de truc ?
- Rhooo c'est rigolo, souris un peu. Mais t'as raison, les gens sont quand même devenus fous, me répond mon frère en riant.

J'efface directement, je ne vais pas prendre la peine de répondre à des gens qui m'envoient ça, j'ai autre chose à faire. Cela fait sourire mon Éric, et moi je me bats avec mon téléphone pour essayer de voir des profils sur cette application. J'arrive enfin à en faire défiler, et alors les profils sont parfois improbables. Une banane ? Un cocotier ? *Vraiment ? Les gens pensent que ce genre de photos vont attirer la gent féminine ?*

Et puis, une photo m'interpelle, le visage de cet homme me dit quelque chose. Cependant, rien qui me permette de me dire que nous nous connaissons. Il est beau, ses yeux m'évoquent de la douceur et en même temps du vécu. Il est un peu plus âgé que moi, et habite à quatre-vingt kilomètres de chez moi. Disons que beaucoup de choses me poussent à lui envoyer un message. Mais je n'ose pas. J'ai l'impression que je vais le déranger.

- Bon, tu te lances ?
- Fous-moi la paix, je ne le connais pas, alors oui il est charmant, mais je ne peux pas parler à quelqu'un que je ne connais pas, Éric !
- Ah alors, c'est que tu n'as pas compris le but de cette appli. C'est le BUT, de parler à des gens que tu ne connais pas, Audrey ! T'es relou des fois, de rien comprendre comme ça !
Je lance l'oreiller voisin dans la pièce, alors que je sais que cela ne sert franchement à rien. Mon frère est un ange… Aucune utilité.

Je lui lance un regard noir, et je sens que cela le met en joie.

- T'as rien à perdre ! Fonce !
- Ma dignité, et s'il ne me répond pas ?
- Et bien, c'est qu'il n'aura pas saisi la chance qu'il aurait pu avoir !

Mouais…
Allez, je me lance :

- Salut, ça va *? Ouais, non, bateau ça !* Kikou toi, la forme ?
Non, mais, tuez-moi ! Hé, je passais pas là et j'ai vu ton profil,
ça te tente d'échanger ? Je suis très mauvaise quand je stresse,
nul, nul, nul.

Mon frère éclate de rire. Ce qui a le don de me mettre les nerfs
en pelote.

- Quoi ? T'as mieux peut-être ? lui dis-je en criant.
- Non, mais j'ai pas pire, me répond-il en éclatant de rire.

C'est bon, je me lance, je fais simple et on verra.

- Bonjour Jérôme, j'espère que tu vas bien ?

 Une fois que j'appuie sur « envoyer », je jette mon
téléphone sur mon lit comme s'il allait exploser dans la seconde.
Je prends le livre sur la table de nuit, mais à peine je l'ouvre
qu'un bip retentit sur mon mobile. Merde, merde, merde, si
c'était lui ? *En même temps, t'es bête Audrey, si tu ne voulais pas
qu'il réponde, fallait pas envoyer de message.* Et pourquoi ça
me stresse autant. *Je n'ai rien à perdre nom de dieu...*

Je saisis mon téléphone, et le relâche. Je regarde mon frère,
choquée.

- Mince, il m'a répondu !
- Humm humm, étonnée ?
- Ben oui, étonnée ! Tu crois qu'il veut quoi ?
- Audrey sérieusement, lis son message et tu devrais le savoir
rapidement !

Qu'est-ce qu'il peut être rabat-joie.

Cette fois, je ne me démonte pas et prend l'appareil pour lire son message.

- Salut Audrey, je vais bien merci, et toi ?

Oh mon dieu, j'ai douze ans d'âge mental, il vient de me répondre. *À moi !* Alors je souffle un bon coup et engage une conversation avec lui.

- Je vais bien, merci. Que cherches tu ici, dis-moi ?
Peut-être un peu trop cash ça, tant pis !

- Si on peut encore y croire, l'amour. Tu es célibataire ?

Ah oui, direct le gars !

- Oui je le suis, j'imagine que toi aussi ?
- Oui, parle-moi de toi.

Nous échangeons pendant presque un mois, en nous promettant de nous voir bientôt. La communication avec Jérôme est fluide, il me parle facilement de lui, et je le trouve pertinent. Nous avons passé beaucoup de temps au téléphone, et avons là aussi partagé beaucoup. Il est parti depuis quelques mois de chez lui, il m'explique avoir quitté sa femme, et qu'il a le cœur déchiré d'avoir dû partir sans ses trois enfants. Il a trouvé un appartement, ce qui lui permet enfin de les accueillir. Il semble être un papa chaleureux et attentif. Et cela me plaît. Nous avons également échangé sur mes histoires d'amour chaotiques. Sur le mal que je peux rencontrer avec le manque de confiance en moi, et dans les hommes. Et je le trouve très patient face à cela. Et très à l'écoute. Ces quelques semaines, même si nous ne nous sommes jamais vus, m'ont donné le sourire. Je souris à chaque fois qu'il m'appelle. Et pour tout dire, je suis même pressée de l'entendre. Le son de sa voix me rassure. Et puis il m'a dit que depuis que nous parlons ensemble, il avait mal aux joues. Oui, oui, à force de sourire. C'est pas craquant ça ?

Bien sûr, je lui ai rapidement parlé de la maladie, du cancer. De cet univers dans lequel j'évolue. Mon combat. Il sait que je suis une maman célibataire, qui mène une guerre sans relâche avec ce crabe perfide. Je souhaite être honnête avec lui, pour qu'il connaisse les tenants et aboutissants de ce qu'est ma vie. Et je sens qu'il a beaucoup d'empathie à mon encontre, tout en donnant beaucoup de tendresse dans ces mots. J'attends nos échanges avec beaucoup de douceur, et on s'est même dit que nous nous verrions le week-end prochain. Vous imaginez un peu ? Le week-end prochain. Nous sommes pressés de nous découvrir pour de vrai… Tellement pressés.
Et puis le jeudi soir il m'appelle comme chaque soir ; le sourire aux lèvres, je décroche.

- Bonjour Monsieur, comment tu vas ?
- Coucou m'dame, ça va, merci et toi ? Ta journée ?
- Bien merci et la tienne, dis-moi, le boulot pas trop difficile ?
- Non, ça va. Dis-moi, je voudrais te parler d'un truc…

Je sens dans sa voix une tension. Et cela ne me mets pas à l'aise du tout. C'est la première fois que je le sens tendu dans nos échanges.

- Bien sûr, dis-moi tout.
- Écoute Audrey, je suis désolé mais je ne viendrai pas ce week-end. Je suis désolé mais avec mes collègues, nous devons aller sur Paris ce week-end. Tu sais les trucs de fin d'année, c'était pas prévu. Je suis désolé de devoir reporter notre rencontre.

- Oh…. C'est pas grave, dis-je, déçue malgré tout. Je comprends bien sûr, ne t'en fais pas, on fera ça quand tu pourras. Pas de problème, je comprends vraiment.

- Oui, je sais, mais je voulais quand même te dire que j'étais désolé, on se faisait une joie de se voir, et ça me tombe dessus. Je suis navré.

- On se verra plus tard, ne t'en fais pas. Passe ton week-end sans te prendre la tête avec ça.

Et puis nous échangeons avec plaisir sur nos journées respectives. Je comprends bien que nous ne pouvons pas toujours faire comme on le souhaite. Et bien sûr que cela me frustre, mais il semblerait que lui aussi soit frustré.

Quand nous nous quittons ce jeudi, j'ai une boule au ventre. Je sais que je n'aurai pas beaucoup de nouvelles de lui ce week-end, parce qu'il risque d'être chargé, cela me fend le cœur. Mais je prends sur moi et ne lui envoie qu'un message pour lui demander comment se passe ce séjour, et je n'aurai qu'une réponse succincte.

Ce lundi est particulièrement difficile car Jérôme ne m'a toujours pas appelé. J'ai passé mon samedi et mon dimanche à me demander ce qui pouvait bien lui prendre tant de temps pour ne même pas répondre à mon message avec plus de douceur. Mais je respecte encore une fois son emploi du temps. Quand mon téléphone, en charge dans la cuisine, sonne, je cours de mon salon pour l'attraper. C'est lui… Enfin !

- Eh salut ! lui dis-je avec beaucoup de joie. Comment tu vas ?
- Ça va super, merci et toi ?
- Ça va, alors ce week-end ? Ça s'est bien passé ? Pas trop crevé avec la reprise du boulot aujourd'hui ?
- Non, non ça va ! Comment tu vas toi ? Et tes filles ?

- Nous allons bien, je les ai récupérées dimanche soir. Elles ont passé un bon moment avec leur papa. J'étais pressée de les retrouver tout de même, c'est long sans elles.
- Je comprends, je serai content moi aussi d'avoir les miens le week-end prochain, c'est vrai que c'est agréable de les avoir, nos loulous.

C'est fou ce que ces paroles me font du bien. D'abord de l'entendre, puis de savoir qu'il est un papa qui prend soin de ses enfants. Cela me touche beaucoup. C'est une valeur qui colle à la mienne.

- Dis-moi, je voulais te parler d'un truc, c'est important. Je me dois d'être honnête, et j'ai beaucoup réfléchi. Audrey, tu sais ce que je ressens pour toi, je pense que tu fais vibrer un truc en moi, qui dormait depuis longtemps et ça me fait vraiment un bien fou.

Voilà qui fait battre mon cœur tellement fort. Ses mots, sa voix, je lui fais battre le cœur. Un cœur endormi. Je reste patiente et attend la suite de sa phrase avant de lui dire que lui aussi me bouleverse. Que moi aussi, je ressens de l'amour, un amour différent de tout ce que j'ai vécu. Un amour pur.

- Je sais ce que tu traverses Audrey, et putain je t'admire. Tu es bienveillante, tu prends soin de moi dans tes mots. Nous avons beaucoup échangé, et j'ai toujours le sourire quand on s'appelle.
- Moi aussi, tu me fais beaucoup de bien, tu sais…
- J'ai bien réfléchi ce week-end, à propos de notre rencontre. Et je préfère qu'on ne se voie pas, Audrey.

Attendez ! quoi ?

Je n'arrive pas à dire un mot tant je suis choquée par ses mots. Je ne m'attendais pas à cela. Je pensais qu'il allait me dire qu'il m'aimait, qu'il était pressé de me rencontrer, qu'il avait pensé à moi tout le week-end. Au lieu de ça, il me dit, certes très gentiment, qu'il me dit au revoir.

- Audrey, la maladie me fait peur. On ne s'est jamais vus, et j'ai déjà peur. J'ai peur de ne pas pouvoir assumer tout ça… Les traitements, ta souffrance, et puis la peur de te perdre. Je ne souhaite pas ça, mes enfants sont petits, et moi je ne veux pas vivre cela. Je suis désolé de te dire ça comme ça, mais je me dois d'être honnête avec toi, parce que tu comptes beaucoup pour moi et …

Il m'a perdu, je suis ailleurs. Loin de ce qu'il me dit. Loin d'ici. Partout, sauf là où je dois être. Je l'entends me parler au loin, comme un bruit de fond. Pas désagréable. Simplement un bruit de fond. Nous avons passé plus d'un mois au téléphone, plusieurs heures par jour, à rire, s'apprendre, s'aimer. Il vient de prendre tout cela, et de le jeter au sol. Le brisant sans précédent. Me brisant, moi au passage. Je croyais à ce que nous vivions. À cette intensité de nos âmes.
Et puis, je prends le temps pendant son récit, en quelques secondes, d'inverser la situation. Pourrais-je entrer dans la vie de quelqu'un de malade, en engageant mes enfants ? Comme ça ? Peut-être que je le ferai. Que ressent-il ? J'ai cent questions dans la tête. J'inverse, je réfléchis, je prie pour que cela soit une blague, une mauvaise blague.

- Tu comprends ? m'interroge Jérôme.
- Parfaitement, je comprends parfaitement. Et je ne t'en veux de rien. Je suis malade, et j'imagine que de penser à construire un avenir avec une personne malade ne doit pas être simple à envisager. Ne t'en fais pas, libère-toi de ça. Je comprends parfaitement.
- Je suis désolé, je te jure que ça me fait peur.

J'ai envie de lui hurler que moi aussi j'ai peur, mais que j'ai envie de l'aimer. Que je souhaite faire ma vie, aussi longtemps qu'elle durera, avec lui. Mais rien ne sort. Rien. Une sorte de malaise s'installe entre nous, et je ne veux pas le gêner plus que de raison. Alors nous mettons fin à cet appel des plus catastrophiques.

- Merci, merci pour ce que tu m'as apporté, Jérôme.
- Merci à toi. Je t'embrasse Audrey.
- Moi aussi.

Et je raccroche. Blessée, bouleversée. *Putain de vie de merde.*

Je pose mon téléphone sur la table basse au salon. Assise sur mon canapé, je me recroqueville sur moi-même en position fœtale et je pleure pour libérer tout mon chagrin d'amour. Je ne lui en veux pas, je comprends parfaitement son choix, puis mon cœur le remercie pour son honnêteté. Je n'en reste pas moins déchue. Perdue. Je laisse mes larmes couler, sans vouloir les retenir. Cela est assez étrange, mais j'ai l'impression d'avoir perdu le seul homme qui collait à moi. Qui se fondait à mon âme. L'homme qui aurait pu me permettre de connaitre le goût du bonheur. Il vient de me filer entre les doigts. À cause de moi et ce foutu cancer.
Une main se pose sur mon épaule. Une main chaude et douce.

- Ça va pas, Maman ? me dit Andréa, ma fille.
- Oh si mon ange, Maman va bien, juste un petit chagrin, viens là, lui répondis-je en lui ouvrant mes bras.
- Je peux aider ton chagrin, Maman ?
- Non mon cœur, et tu n'as pas à le régler, Maman s'en charge, ne t'inquiète surtout pas. Câlins -chocolat chaud -dessin animé, ça vous tente mesdemoiselles ?

- Ouiiiiiii, me hurle Andréa aux oreilles.
- Appelle ta sœur, on se le fait en amoureuses ! lui dis-je en me dirigeant vers la cuisine.

Je l'entends crier le prénom de sa sœur, et cela me permet de me ressaisir instantanément. *Concentre-toi sur le moment présent, Audrey. Tes filles, toi, il n'y a que ça qui compte.*

Les enfants, et puis particulièrement les miens, ont le don de vous faire passer d'une émotion triste à une émotion de bonheur intense. Parce qu'on a l'habitude de regarder ce qui ne brille pas, mais on oublie souvent que ce qui brille vraiment est en soi.
Alors comme souvent, nous nous faisons un moment tendresse à trois. Cela nous fait du bien, et moi, me permet de décrocher de la douleur qui me tord le bide.

Quand je retrouve mon lit et ma solitude, j'essaie de plonger dans ma lecture, mais je finis par lâcher le livre et me retrouve dans mes pensées. Foutues pensées.

C'est de ma faute, si je n'avais pas été malade peut-être aurait-il pu m'aimer ? Je ne mérite peut-être pas le bonheur ? A-t-il des regrets ? Que fait-il ? Est-ce qu'il pense à moi ? Putain Audrey, arrête de te torturer !

Quand je quitte ces pensées, je sens le poids d'un regard sur moi, je sais que les anges tournent dans ma maison, et qu'ils entrent facilement dans ma chambre, même s'ils n'y sont pas invités. Ma grand-mère... pour changer, est debout près de ma porte.

- T'es ok pour parler de ce qui se passe ? me demande-t-elle.

- Humm, si tu veux, en même temps, quoi dire Mémère ? J'ai essayé et j'ai perdu encore ! lui répondis-je tristement.
- Tu n'as rien perdu, tu as tout gagné. C'est quoi cette manie de tout voir à l'envers ? Il n'est pas prêt, c'est tout. Tu te souviens de Jérôme le fantôme ?

Bien sûr que je m'en souviens… Quand j'étais petite, je disais toujours à mes parents que j'attendais Jérôme le fantôme. Je le dessinais, avec des cheveux grisonnants. Et quand Maman me demandait qui c'était, je lui répondais franchement que c'était mon amoureux, et qu'il s'appelait Jérôme le fantôme. Alors bien sûr que je m'en souviens.

- Oui, je m'en souviens, c'était tellement mignon de dessiner celui que l'on imagine dans ses rêves d'enfant.
- Ce n'est pas un rêve, tu as ce don de ressentir les choses depuis toujours. Donc tu as dessiné et pensé à Jérôme très tôt. Parce que c'est lui, tout simplement, me dit ma grand-mère avec évidence.
- Mémère, flash info, le « Jérôme » en question vient de me dire qu'il n'était pas intéressé. Il a pris le battement de mon cœur, qui venait de reprendre vie et l'a brouillé.
- Oui, ça je sais, merci. Je te connais et te lis. Je sais ce qu'il vient de faire, mais peut être qu'un jour tu comprendras pourquoi il vient de faire cela ! me dit Marie-Lucie, comme si j'étais stupide.
- Super ! J'ai hâte ! Sérieusement ? Tu crois que je m'inquiète à cette heure, de savoir pourquoi Monsieur m'a lâchée comme une merde ? Vraiment Mémère ? Je m'en contrefous !
- Oui oui oui, je sais, et je note que la communication est difficile avec toi aujourd'hui. Repose-toi, peut être que bientôt tu comprendras ce que je veux te dire. C'est trop tôt.
- Merci ! J'ironise…
- Ferme tes yeux ! Et repose-toi !

- Mémère, tu me parles là, et je ne vois pas comment je pourrais dormir si tu es là à me parler et à me regarder comme si j'étais la femme la plus stupide de la planète. Puis je te demander de quitter MA pièce ?

Je l'observe faire demi-tour et sortir de ma chambre. J'ai la sensation de mieux pouvoir respirer quand elle s'en va. Et je me rends compte assez vite que cela n'est pas le cas. J'ai du mal à respirer. Je me sens vide, seule, pathétique. Et je finis par m'endormir avec ce sentiment.

Quelques semaines plus tard, mon cœur n'est pas moins douloureux, mes pensées sont toujours pour cet homme. « Jérôme le fantôme », tu m'étonnes ! Tellement fantôme qu'il est invisible puisque je n'ai bien entendu, aucune nouvelle de lui. Et je n'en prends pas non plus. Je ne veux pas me heurter à un mur, sans réponse. Je tente de m'épargner ce moment de gêne.
Je pense tous les jours à lui, et j'ai le manque de sa voix. C'est stupide de dire ça, parce que ce que nous avons échangé ce sont quelques photos, et des tonnes de mots doux. Puis le vide. Je devrais peut-être me concentrer sur le vide qu'il a laissé, mais peine perdue. Je ne pense qu'à lui et sa voix qui savait me rassurer et me dire les mots dont j'avais besoin.
Chaque soir, je prie pour lui, pour qu'il aille bien. Alors je crois que je progresse et je m'autorise même à lui pardonner son absence et son refus. Doucement, progressivement. Même si je le répète, il me manque.

***

Je rentre en cette fin d'après-midi avec mes filles. La journée a été intense, j'ai retourné la maison pour la faire plus jolie, plus propre. Mes princesses, elles, sont allées à l'école et vu la tête de ma grande Louisa, la journée a dû être longue pour elle aussi.

Mes deux filles sont très différentes, elles ne gèrent évidemment pas les émotions de la même façon. C'est ce qui fait le bonheur et parfois la difficulté de leurs relations. Je m'adapte depuis leur plus jeune âge à leur caractère, essayant de toujours trouver des moments d'échanges.
Louisa a seize ans, Andréa onze, il n'y a donc pas qu'une question de caractère mais bien aussi d'âge. Leurs cinq années de différence créent, elles aussi, des tensions. Je m'adapte, en tout cas, j'essaie.

Louisa jette son sac d'école sur le sol de l'entrée, et je sais qu'un orage se prépare. Calme, tranquille.
J'essaie de canaliser ce qu'il se passe en elle, mais je ne peux m'empêcher de faire un point avec mes énergies vitales. Je suis malade, fatiguée, je viens d'être gentiment larguée par le mister fantôme, et là, tout de suite, je sais que mon aînée a besoin de moi. Et je n'ai aucune énergie. Je me sens vide. Pour autant, je vais chercher, loin, très loin pour tenter de comprendre ce qui l'agace autant.
Je l'entends souffler en ouvrant le placard de la cuisine pour en sortir un biscuit à grignoter. Andréa, elle, se pose au salon devant la télévision. Je fouille dans mon réfrigérateur pour y trouver à boire, et quand je me redresse, je vois Isa l'ange gardien de Louisa, agitée.
- Comment tu te sens ma chérie ? Ta journée ?
- Laisse tomber maman ! répond mon aînée.

Bon, bien, voilà qui va être sympa pour communiquer…

164

Je regarde Isa, qui est juste derrière Louisa. J'échange avec elle, par la pensée, tout en me servant à boire.

- Dure journée pour Lou, n'est-ce pas ?
- Oui, sale journée en effet. Elle a du caractère mais parfois pas au bon endroit, ni au bon moment. Alors j'essaie de l'aider, mais c'est une mule ! me répond Isa l'ange.
- Ça, je crois que je le savais déjà.
- Je dois l'inviter à parler là ? Tu crois que c'est le bon moment ?
- Alors là, elle est dans une énergie bizarre, mais tu peux essayer. Courage ! ironise Isa.

Je regarde à présent ma fille, qui a les yeux rivés sur son téléphone portable, la bouche pleine de biscuits.

Non, je ne vais pas laisser tomber, on perd du temps.

- Tu peux me dire ce qui te tracasse comme ça Lou, je peux t'aider peut-être ?
- Non mais ils me font chier à l'école. C'est tous des abrutis là-dedans. Je les déteste. J'aime pas les cours, c'est chiant Maman, me dit-elle en fixant son regard noir au mien.
- Ok, il y a des personnes en particulier qui t'embêtent ? Et qu'est-ce qu'ils font pour que cela t'énerve autant, mon ange ?
- Tu comprendras pas, laisse tomber, dit Louisa en se fermant complètement.
- Alors, désolée de te décevoir, mais je pense pouvoir comprendre à condition que tu m'expliques. Comment veux-tu que je t'aide si tu ne me dis rien, Lou ?
- J'ai pas besoin que tu m'aides ! Je t'ai rien demandé, Maman.

Elle repart dans le couloir, reprend son sac et monte dans sa chambre, pour y passer le reste de l'après-midi. Je soupire, les mains posées sur le plan de travail. Je suis fatiguée moralement. Je vis seule avec mes deux filles, je ne suis pas la maman la plus parfaite du monde, mais je me suis toujours battue pour leur confort. J'ai instantanément l'impression que je ne sers à rien auprès d'elles. Que quoi que je fasse, cela ne va jamais.

La voix de mon frère jumeau Éric me sort de mes pensées.

- Ça va, pardonne-toi, t'es maman. Pas facile ce rôle, surtout avec un chemin comme le vôtre. Elle est en conflit avec elle-même, ma nièce. Son père lui manque. Même si elle ne te le verbalise pas, je pense qu'elle a peur que cela te fasse souffrir. Elle a peur de ta maladie. Elle a peur de te voir mourir. Elle a pleine conscience que tu n'es pas accompagnée comme il faut dans ton parcours maladie. Elle se sent impuissante, alors cela la met en colère. Et c'est son travail que de comprendre que cela ne changera rien. Quoi qu'elle développe comme sentiments, ça ne te rendra pas moins malade. Mais il faut qu'elle comprenne, que la colère se gère. Qu'elle n'a pas besoin de détester tous les hommes pour vous permettre d'être heureuses vous, les femmes. Elle a des choses à accepter, et toi aussi. Ta maladie, tes peurs, qui au passage ne te servent à rien, sinon à te ralentir. Louisa, c'est la colère. Elle ne la gère pas comme il faut. Il lui a manqué un équilibre, mais déculpabilise-toi, elle l'a choisi avant d'arriver ici, tout comme toi. C'est son chemin, s'apaiser et s'autoriser. Alors s'il te plait ma sœur, ne prends pas cela pour toi. Sois là, comme tu le fais, avec amour. Elles ont besoin de cela tes filles.

Voilà qui me calme instantanément. Je sais qu'il a tout à fait raison. Pour autant, là encore un sentiment d'impuissance s'empare de moi. Puis la culpabilité. Décidément, il a raison, il va falloir que je bosse là-dessus. Je me dois de respecter le temps dont Louisa a besoin. Pas simple, vraiment. Je n'ai qu'une seule envie à cet instant, c'est de la retrouver dans sa chambre, de m'excuser pour la vie que je lui ai donnée. Mais Éric me regarde intensément et me fait signe « non » de la tête. Alors, je lui fais confiance.

Quand Andréa arrive cette fois à la cuisine, elle me dit avec ses yeux tout brillants :

- Je crois que je suis malade Maman, j'ai mal à la gorge et à la tête.

Superbe, vraiment superbe cette fin de journée.

Je saisis mon téléphone pour appeler un médecin après avoir vérifié le front d'Andréa qui a priori a de la fièvre.

Ma grand-mère entre dans la cuisine :

- Tu appelles Jérôme ?
- Non je n'appelle pas Jérôme et je ne vois pas pourquoi je l'appellerai, Andréa semble malade et c'est le médecin que j'appelle, lui dis-je.
- Oh, d'accord, d'accord. Je dis ça, je ne dis rien !
- Alors ne dis rien. Quelle idée ! appeler Jérôme. Me répondis-je à moi-même.

En effet, après ce rendez-vous médical, la petite est bien malade. Angine.
Magnifique !

Cependant, après le traitement de choc qu'elle a eu pendant plusieurs jours, Andréa est sur pied rapidement. Pour mon plus grand bonheur.

Un soir, alors que mes filles ont rejoint leur quartier pour une bonne nuit de sommeil, je me pose devant la télévision. Mes pensées sont comme à mon habitude, vers Jérôme, je me demande inlassablement où il est, ce qu'il peut faire à cette heure. Je n'ai eu aucune nouvelle depuis plus d'un mois. Et je suis déçue, je crois que j'aurais espéré qu'il prenne de mes nouvelles. Peut-être n'ose-t-il pas ? *Ou alors il n'en a vraiment rien à faire de toi, ma pauvre fille !*

Je me pose sur mon canapé et regarde, sans voir vraiment ce qui se passe à la télévision. Les actualités me minent le moral et les émissions rigolade ne me font pas envie. Moral en berne.

Je ne suis jamais seule avec moi-même. Mes anges sont toujours à mes côtés. Assis à côté de moi sur le canapé ou devant ma télévision. Ils parlent souvent entre eux, et avec les années, mes oreilles ont comme mis un filtre pour percevoir simplement les informations qui me semblent importantes. Isa, Gabriel l'ange gardien d'Andréa et mon frère échangent sur mon humeur du moment. Cela attire mon attention. Éric dit à Gabriel :

- Pour aller mieux, elle devrait se libérer de ce qu'elle pense. Dire ce qui la ronge.
- Bien sûr, et depuis lui, elle a bien du mal à reprendre le dessus, je trouve, répond Gabriel.
- Je peux savoir de qui on parle là ? m'immisçant dans la conversation.
- De toi, Audrey ! répond mon frère.
- Bien, bien et pourquoi ? Pourquoi je suis le sujet aujourd'hui ?
- Jérôme ! dit ma grand-mère qui vient d'arriver.

À croire qu'elle arrive toujours au moment opportun.

- Et que vient faire cet homme dans cette conversation ?

Je regarde les anges autour de moi, en cherchant du regard des réponses muettes, puisque tous ont les yeux ronds, comme si je ne comprenais pas l'évidence.

- Audrey, appelle-le, tu en crèves d'envie, tu es malheureuse depuis qu'il n'échange plus avec toi. Vous avez des choses à vous apporter, fais le pas vers lui ! me dit Marie-Lucie.
- Non, non et non, foutez-moi la paix avec lui. Le message a été clair, je lui fais peur, enfin ma situation lui fait peur, enfin non, ma maladie le terrifie. Je ne vais donc pas l'appeler, en faisant la nana qui prend des nouvelles ! Parce que lui n'en prend pas, donc c'est que pour lui, ce n'est pas important. Je me répare doucement, laissez-moi tranquille avec ça.
- Non, tu fais erreur, appelle-le. Oui, il a peur de la maladie, mais tu sais, il a des raisons. Ne juge pas trop vite cette situation Audrey ! Tu ne regretteras pas de prendre des nouvelles de lui. Et puis tu as quoi à perdre, hein ? dit Mémère.
- J'ai déjà beaucoup perdu, dis-je, des larmes plein les yeux.

Elle s'installe sur l'accoudoir de mon canapé et pose sa main sur mon épaule. Elle attire toujours toute mon attention quand elle fait ça. Ses yeux viennent chercher mon âme pour lui parler directement.

- Tu n'as rien à perdre, plus rien. Audrey, tu as tout à gagner.

Ses mots résonnent dans le tréfonds de mon âme. Tout à gagner…

Je prends machinalement mon téléphone sur la table basse et je sens l'énergie des anges autour de moi se modifier. C'est comme s'ils étaient impatients et dégageaient des ondes en plein mouvement. Je regarde mon téléphone, et cherche désespérément quoi lui dire pour revenir dans sa vie sans paraître trop intrusive.

C'est finalement au bout de quelques minutes de réflexion que j'ouvre ma messagerie, essayant de ne pas écouter les battements irréguliers de mon cœur. *Merde, je vais vraiment faire ça ? Et s'il ne me répondait pas ? J'aurais le cœur brisé...*

- Fonce ! me dit mon frère.

Et ça me donne un courage dingue. Je me lance, les mains tremblantes, et décide de rédiger un message des plus simples.

- Coucou, j'espère que tu vas bien. Je pense bien à toi.

Voilà c'est fait, et comme souvent, je pose mon téléphone à côté de moi comme s'il était brûlant. Je prends la télécommande et je change de chaine. Sans vraiment savoir ce que je regarde. L'animatrice face à moi est trop maquillée. Et puis ses vêtements ne sont pas très beaux ! *Mais qu'est-ce que je dis, moi ? Détends-toi Audrey. Rien à perdre.*

Un bip retentit, me coupant le souffle. Je n'ose même pas regarder si c'est lui. Alors plutôt que d'assumer et regarder mon téléphone, je vais à la cuisine, et me prépare un café.

Mes pensées sont partout, sauf à ce que je fais. Ce n'est que quand je bois une gorgée d'élixir que je m'aperçois que je n'ai pas changé la dosette. Beurk !

Je recrache tout dans l'évier et jette le contenu de ma tasse. Je me pose quelques secondes pour le préparer correctement, quand j'entends cette fois la sonnerie de mon téléphone, m'indiquant un appel. Je cours sans réfléchir, à toute vitesse. Quand j'arrive près du canapé, mon pied tape le coin de la table basse, me causant une douleur fulgurante. *Aïe, nom de dieu, ça fait mal !* Mes anges, eux, rient, ce qui me donne l'impression d'avoir encore plus mal. Je saisis mon mobile et décroche sans même regarder qui m'appelle. Ce n'est qu'en disant un « allô » douloureux que je me demande si c'est lui ? Mon cœur et mon petit orteil battent en parfaite synchronisation.

- Eh salut frangine ! Comment tu vas ?

Ma sœur, Alexandra. Je souffle un grand coup, ce qui ne passe pas inaperçu.

- Ça va, ma sœur ? me demande-t-elle inquiète.
- Ouais nickel ! Et toi ?
- Hmmm rien qui va, c'est ça ?

Elle me connait parfaitement bien, je ne peux rien lui cacher. Elle me sait. Mieux que moi-même. Elle arrive à décrypter la moindre tonalité de ma voix.

- Si ! Ça va super, juste que je viens de me cogner le petit orteil dans le coin de la table. Non mais quelle idée d'avoir un orteil à cet endroit-là, en plus il sert à rien cet orteil ! » dis-je en me lamentant.
- Si, à détecter les coins de meubles ! me dit Alexandra en riant. Bon sinon, comment tu te sens pour de vrai ? Pas trop fatiguée avec tous ces rendez-vous ?

Je sais à quoi elle fait allusion, la maladie… encore la maladie.

- Oh ça va, oui un peu fatiguée, mais je gère frangine, ne t'inquiète pas.
- Ce serait bien que tu te trouves un amoureux, tu sais ? J'y pense souvent, et je me dis que tu as tellement vécu de choses difficiles qu'avoir de l'amour cela t'aiderait. Et tu as tellement d'amour à donner, ma sœur. Tu crois pas que cela te ferait du bien ?
- Si bien sûr ma sœur, que cela me ferait du bien, mais on ne choisit pas quand cela arrive, lui dis-je.
- Et ce Jérôme dont tu m'as parlé la dernière fois, toujours pas de nouvelles ?
- Non ma sœur, pas de nouvelles, tentant de ne pas montrer d'émotions.
- Et il te manque toujours ? dit Alexandra avec une voix toute douce.
- Oui, chaque jour. Mais je vais m'y faire, c'est comme ça. Ne t'inquiète pas pour moi. Je gère ma sist', j'en ai vu d'autres, c'est pas une balle dans le bras qui me fera plier le genou !
- Je te souhaite d'être heureuse ma sœur, et d'avoir un jour le courage de lui dire ce que tu ressens. Ça aussi, ça te fera le plus grand bien. Et les filles, ça va ?

Nous passons quelques longues minutes au téléphone à nous raconter nos petites vies respectives. Sa vie de femme très occupée avec les cinq enfants qui font partie de sa famille recomposée. Elle me parle aussi, de son amoureux Alain, qu'elle aime par-dessus tout. Et j'aime à l'écouter me parler de cette belle histoire d'amour.

Je prends le soin de lui dire que je passerai la voir bientôt.

- Non, je passerai te voir ma sœur, que tu ne te fatigues pas trop à courir. Je viendrai t'embrasser demain, me dit Alexandra.
- D'accord c'est comme tu veux, je prépare le café demain vers 14h ?

- Yes ! Passe une bonne soirée, repose-toi ma sœur »
- T'inquiète pas, bonne soirée, je t'aime ma sœur. Bataille.

Puis elle raccroche. J'ai le sourire quand l'appel se termine. C'est étrange mais elle appelle toujours dans des moments où j'en ai tellement besoin. Comme si un fil d'amour était entre nous, nous mettant en alerte dès qu'une de nous va moins bien.
Elle appelle et vient toujours dans le but de me redonner le moral, ou un peu d'énergie. Et même si parfois, son défaitisme me déprime, il n'y a pas un être que j'aime comme j'aime ma sœur. C'est si particulier cet amour. Tout comme notre relation.
Je pose mon téléphone à mes côtés sur le canapé, et me dit soudain que je n'ai pas regardé le message que j'ai reçu avant tout cela.

Je reprends mon mobile, et respire un grand coup. Un message est arrivé il y a vingt-sept minutes. De Jérôme. Oh merde il a répondu !

Je regarde mon frère Éric, cherchant dans ses yeux l'autorisation d'ouvrir le sms. Il me fait un mouvement de tête avec un doux sourire. Cela me donne tellement d'énergie. Alors je regarde son message.

- Coucou, j'espère aussi que tu vas bien ? Je vais bien, merci.

Ouais ! on a connu plus chaleureux, mais il ne ferme pas la conversation, enfin je crois !?

Je ne réfléchis pas trop et répond :

- Je fais aller, merci. Quoi de nouveau depuis la dernière fois ? Les enfants, ça va ?

La réponse ne se fait pas attendre :

- Les enfants vont bien. Je les ai en ce moment, ça fait du bien. Eh bien, ça va je suis en couple, je te remercie.

Je me fige et sens mon âme se vider. J'ai chaud d'un coup, la sueur coule dans mon dos. *En couple ? En COUPLE ? C'est une blague ? Il me fait marcher, il va me dire qu'il déconne.*

Aucun message ne suit pour démentir ce qu'il vient de me balancer. Une grenade dégoupillée.

Je respire et regarde ma grand-mère Marie-Lucie les yeux larmoyants :

- En couple Mémère ? En couple ? Pourquoi tu m'as demandé de faire ça ? Pourquoi ? J'ai pas assez mal comme ça ?

Je la déteste à cet instant. Elle vient de me projeter contre un mur. Je viens de faire le saut de l'ange. Je me sens vide et étrangement pleine d'informations nouvelles dont je ne sais pas quoi faire. Merde, mais donc, ça veut dire qu'il a bien décidé de reprendre sa vie en main et de m'oublier. Je lui faisais vraiment peur à ce point-là ?

Le bip de mon téléphone retentit m'indiquant un message. Je regarde :

- Et toi alors ? Quoi de nouveau ?

J'ai envie de lui répondre que je ne ressens plus rien depuis quelques secondes, mais je me contiens. Je prends quelques minutes pour réfléchir à ce que je peux bien souhaiter à cet homme. Cet homme qui a toujours été honnête et bien intentionné à mon égard. C'est vrai, il aurait pu venir me voir, profiter de moi et repartir. Mais il ne l'a pas fait. Il m'a simplement exprimé ses craintes sans abuser de moi. Et c'est l'un des seuls hommes à avoir été si bienveillant et respectueux avec moi. Il a le droit d'avoir peur et de ne pas souhaiter terminer sa vie avec une nana en soins palliatifs. Oui, il a le droit. Et s'il est heureux avec cette femme, alors je ne peux que lui souhaiter cela. Sincèrement.

Alors je réponds à son message :

- Je fais aller, ne t'inquiète pas. Si tu es heureux et amoureux alors je te souhaite une jolie vie avec cette personne. Je te souhaite d'être heureux. Sincèrement. Je n'ai toujours souhaité que cela. Si c'est avec elle, c'est bien.
- Heureux, je sais pas, je me laisse porter. On verra bien. Je ne me prends pas la tête. Ça fait plaisir d'avoir de tes nouvelles !

C'est à cet instant que nous reprenons une conversation des plus normales. Comme si les choses n'avaient pas changé, avec l'amour en moins. Enfin pour lui, parce que moi, mon cœur bat la chamade. Il me manque et le lire me fait un bien fou.

Alors je passe la soirée avec lui par sms à échanger sur ce que nous vivons. Le corps douloureux recroquevillé sur mon canapé, je souris à chaque fois que mon téléphone bipe.

Je dors bien cette nuit-là, très bien.

Son contact me met des papillons dans le cœur, je ne devrais pas. Et même si nos échanges n'ont rien d'amoureux, ils n'en sont pas moins palpitants.

Quelques jours plus tard, je me sens légère. J'ai l'impression de virevolter. D'être entière. Nous échangeons énormément de messages et d'appels dans la journée, pour partager ce que nous vivons. Seulement, comme une bécasse, j'ai fait l'erreur de lui demander à quoi ressemblait sa nana, et il m'a envoyé une photo. Quelle idée d'avoir demandé un truc pareil ! Ça m'a broyé l'estomac. Elle est belle, mais elle est blonde. Il m'a toujours dit qu'il n'aimait pas les blondes, alors je le charrie sur ça. Et je sens qu'il ne sait pas quoi me dire.

Il me dit tous les jours que de parler avec moi, lui fait du bien. Et je ne lui cache pas que cela est mon cas également.

Ce soir, toujours sur mon canapé enroulée dans mon plaid, mon portable sonne. « Jérôme ».

J'éclaircis ma voix et lui répond :

- Salut !
- Salut Mademoiselle, ça va ce soir ?
- Oui ça va, merci. Et toi, Monsieur ?
- Ça va, je voulais t'appeler pour te dire un truc important. Tu as deux minutes ?

Mon cœur se serre. J'ai peur. Est-ce qu'il va me dire que nous ne pouvons pas garder cette relation en l'état. Que c'est trop difficile pour lui. Par respect pour sa copine. Et je comprendrai et respecterai. Seulement j'ai peur qu'il me rejette. Qu'il me demande de m'écarter de sa relation.

- Bien sûr oui, dis-moi. Je ne suis pas la plus à l'aise à cet instant, mais dis-moi je t'en prie, lui répondis-je d'une voix douce.
- Je suis célibataire.

- Comment ? Je comprends pas.

- Je sors à l'instant de chez elle, et je viens de mettre un terme à cette relation. Ça marchait pas et je ne te cache pas que depuis un mois et demi tu ne sors pas de ma tête. J'ai beaucoup pensé à toi, ce que nous avons échangé depuis plusieurs mois… je crois que ça me touche plus que je ne le pensais.

- Oh… lui répondis-je, surprise par ses mots.

- Oh, mais je ne dis pas ça pour que nous ayons une histoire, juste pour t'informer. Enfin tu comprends ce que je veux dire. Je ne te demande rien. Sauf peut-être une chose, quand tu seras prête et si tu en as envie bien sûr, on pourrait peut-être se voir ? Je ne veux pas que tu penses je-ne-sais-pas-quoi, juste se voir pour se rencontrer enfin ? T'en penses quoi ? Dis-moi franchement. Je comprendrais que tu n'en aies pas envie. J'ai pas fait comme il fallait et…

- Ok oui bien sûr que j'en ai envie. J'en ai toujours eu envie. Tu le sais. Ça n'allait pas avec cette jeune femme ?

- Non, ça n'allait pas. J'ai essayé et j'y arrive pas. J'ai eu peur Audrey, très peur. Mais je crois que ce que je ressens et le bien que l'on se fait est plus fort que la peur. Ma peur m'a paralysé, mais je ressentais déjà beaucoup de choses quand je t'ai dit que je ne viendrai pas te voir. Ça m'a, moi aussi, fait du mal. Je n'ai pas de regret de mettre un terme à cette relation. Et j'ai vraiment, vraiment envie de te voir.

Voilà qui me laisse sans voix. Je sais que j'ai envie de le voir, bien entendu que j'en ai envie. Et ce sentiment ne m'a jamais quitté. Je suis à la fois soulagée et désolée pour cette jeune femme qui vient de perdre Jérôme. Sincèrement. Et cette fois-là, c'est moi qui ai peur. Peur de lui dire oui et de tomber.

Puis je pense aux mots de ma grand-mère « Tu n'as rien à perdre, tout à gagner » et à ce moment, ils font sens. Si je ne l'avais pas écoutée, je n'aurais jamais recontacté Jérôme. Alors je respire un grand coup et lui dit :

- On va se voir avec grand plaisir.

À cet instant, j'étais loin de penser que quelques jours plus tard, nous allions échanger notre premier baiser.

***

Depuis ce moment, hors du temps, nous avons traversé des émotions envoûtantes. « Jérôme, le fantôme » est devenu mon mari, oui, oui, mon mari !

Nous formons une famille dont je suis amoureuse avec nos cinq enfants.

La maladie m'a beaucoup affaiblie, les traitements aussi. Jérôme et nos enfants n'ont fait qu'un bloc pour m'apporter de la douceur, du confort et de l'amour.
Il a su, malgré ses peurs, être là, à chaque instant pour combattre ce foutu crabe avec moi. Il a pris les armes, quand je ne pouvais pas les atteindre, et nous a permis de nous accrocher. Encore. Plus fort.

Il est mon histoire d'amour la plus grande, la plus douce, la plus belle.

Ma grand-mère m'a guidée ce jour-là. Elle m'a guidée vers le pardon, la raison, et l'amour. Marie-Lucie m'a permis de rencontrer l'homme de « mon » histoire, et également de faire face à mon propre jugement erroné. J'ai appris.
Et par-dessus tout, je l'aime.

Merci Mémère, et merci à toi, Jérôme le fantôme.

Je t'aime.

Pour de vrai.

Pour la vie.

Pour les éternités.

Jusqu'au dernier souffle.

Alexandra, mon ange invisible

Quand mon téléphone sonne et que le nom de mon papa s'affiche, je me sens tendue instantanément. Mon père ne m'appelle jamais à cette heure-ci. Pourquoi ai-je cette sensation de vide dans mon corps ? Pourquoi est-ce que je pense qu'il ne m'appelle jamais à 13 heures ?

Je m'apprête à accueillir une patiente dans mon cabinet. Mon père sait que je travaille. Pourquoi m'appelle-t-il ?

C'est la première fois que j'angoisse à l'idée de répondre à Papa, mais aussi la première fois que je frissonne autant. J'échange régulièrement avec lui, pourtant je ne peux ignorer cette étrange sensation en moi.

Je saisis mon téléphone et décroche :

- Coucou mon papa !
- Audrey, ouais euh… tu bosses là ?

Je sens une hésitation dans sa voix.

- Oui Papa, je suis au cabinet. J'attends ma prochaine patiente.
- Il faut que tu rentres, je suis chez ta sœur, elle ne va pas bien Audrey, faut que tu viennes.

Je sens de la peur dans la voix de mon père, mais je l'occulte instantanément.

- Comment ça ? Qu'est-ce qui se passe ? Qu'est-ce qui lui arrive encore à la frangine ?

Je sais pourquoi je lui dis ça. Je le conscientise à l'instant où je lui pose la question.

Ma sœur, Alexandra, souvent appelée « t'as mal où ? » a toujours un truc qui ne va pas. Elle a, depuis petite, la fâcheuse tendance à répondre qu'elle a mal à tel ou tel endroit quand on lui demande comment elle va. Je la connais parfaitement. Elle n'a pas toujours mal quelque part, fort heureusement, mais aime qu'on l'écoute dans ses petits bobos. Cependant, elle n'a toujours pas eu que des « bobos ». Elle a aussi eu quelques soucis de santé, dont un en particulier ces dernières semaines, qui l'ont poussé à se faire opérer du dos.
Elle est rentrée à la maison, ne souffre plus de ces douleurs chroniques, ce qui me réjouis.

Je me demande donc pourquoi elle va mal, aujourd'hui, encore.

- Audrey, il faut vraiment que tu viennes, je suis chez elle, les médecins sont là. Rejoins-nous. Je suis avec ta mère et Alain.
- Euh d'accord, j'annule mon rendez-vous et j'arrive Papa, lui répondis-je, dubitative.
- Eh Audrey, sois prudente sur la route. Je dois aussi te dire que c'est grave ce qui se passe avec Alexandra.

Je ne lui réponds pas et met fin à l'appel.

Merde, qu'est-ce qui se passe… ?

Je préviens ma patiente de mon absence imprévue et appelle mon mari pour le prévenir d'informer le reste de mes patients, que je ne serai pas disponible aujourd'hui.
Bien sûr, je lui explique brièvement l'appel de Papa. Mon homme semble plus soucieux de la situation que moi, parce que

je sens comme une gravité dans sa voix, comme si, lui, avait capté un truc que je n'étais pas en mesure de percevoir.

Comme à son habitude, il se veut rassurant, et présent pour moi et ma famille. Il m'explique qu'il gère les annulations, et qu'il faut que je me concentre uniquement sur ma sœur. Avant de raccrocher, j'entends qu'il me demande d'être prudente sur la route. Puis un doux « je t'aime » caresse mon oreille, ce qui me donne un réconfort instantané.

Je rassemble mes affaires sans même m'en rendre compte, cela se fait par automatisme, je crois. Puisque je me sens déconnectée de toute réalité. Je ne pense pas à ma sœur, étonnamment. Simplement à l'inquiétude dans la voix de mon papa.

Peut-être que mon cerveau n'assimile pas l'information première que mon père à souhaiter me donner.

Je ferme le cabinet, et monte dans ma voiture après avoir jeté en vrac mes affaires sur le siège arrière. Je constate un vide. En moi bien sûr. Parce que je ne suis pas seule, un ange est près de moi ; c'est Éric. Où sont les autres ?

Mon frère ange est installé sur le siège passager. Et il ne dit rien. Je me retiens de lui poser toutes les questions qui me passent en tête. J'en ai trop et je sais qu'au vu de son énergie, il ne me répondra pas.

Je roule par automatisme, je ne sais même pas où je vais. Pilotage automatique direction chez Alexandra, comme me l'a indiqué Papa. Bête et disciplinée. Je roule. J'ai peur. Et je roule encore.

Puis je me mets à parler à ma sœur, comme si elle était là, avec moi.

- Alex, attends-moi avant de faire quoi que ce soit, s'il te plait ma sœur, attends-moi.

Je ne sais pas pourquoi je lui dis cela. La route me semble absente, le temps est comme effacé de mon esprit. Mon inconscient connait le chemin, mon conscient lui, est ailleurs. Mon esprit est déjà devant chez elle. Puis je finis enfin par m'engager dans sa rue. Mon sang pulse dans mes veines, me rappelant presque, de revenir à ce que je fais.

Je les vois, tous ces camions de pompiers, Samu, Smur, devant chez elle.

Je gare ma voiture avec précipitation. J'en sors et cours devant la maison d'Alexandra.
Je suis tellement dans le flou que je ne suis pas sûre de reconnaitre ma famille proche devant la maison.

Je vois Papa d'abord, puis Maman.

Mais qu'est-ce qu'ils foutent là, ensemble, c'est quoi ce bordel ?

Puis je me tourne et vois mon beau-frère Alain. À cet instant, je prends conscience que quelque chose ne va vraiment pas. Son visage est blême, il a l'air plus qu'abattu, et je reste là les bras ballants, ne sachant pas quoi faire de moi.

Mon regard croise le sien. Nous nous regardons intensément, pendant que Maman se jette dans mes bras. Je la serre contre moi machinalement, pourtant j'aimerais vraiment

que quelqu'un m'explique ce qui se passe. Papa, lui, est assis sur la murette, le visage dans les mains. Pleure-t-il ?
Papa, le héros infaillible, l'homme qui ne montre jamais rien ?

Bien entendu, personne ne me parle. Je relâche ma mère. Je ne tiens plus dans ce silence et cette incompréhension. Alors je regarde mes parents, ainsi qu'Alain et leur demande :

- Qu'est-ce qu'il se passe ? Où est ma sœur ?
- Oh ma puce ! pleure déjà Maman.
- Expliquez-moi, je ne comprends pas, là. Je leur réponds vivement, cherchant une quelconque réponse dans leur regard.
- Ta sœur a fait une sorte de malaise il y a une heure, elle était avec Alain, et c'est lui qui a appelé le Samu. Sa réponse ne m'informe aucunement de l'état dans lequel se trouve Alexandra.
- Un malaise de quoi ? dis-je très agitée. Et puis elle est où, bordel ?
- Les médecins s'occupent d'elle. Elle est prise en charge ma puce, ils nous ont informés qu'ils étaient en train de la réanimer, dit Maman.

La réanimer ? De qui parle-t-on déjà ? Elle a juste fait un malaise, juste un malaise. Mais qu'est-ce qu'ils racontent ? Pas ma sœur ? Non non non, pas ma sœur !
Je regarde autour de moi, Alain me fixe toujours les larmes aux yeux puis baisse la tête pour la poser dans ses mains lui aussi.

Je pense être en état de choc.

- Elle a fait quoi comme malaise ? Papa, réponds-moi ! Elle a fait quoi comme malaise !? »

Je me mets à lui hurler dessus, lui qui reste silencieux, le visage figé par la terreur.

- Elle allait bien ce matin, elle s'est simplement reposée, elle disait être fatiguée, puis elle est descendue quelques heures après, je rentrais manger avec elle ce midi mais j'ai vu que quelque chose n'allait pas. Elle avait les lèvres violettes, et elle m'a dit qu'elle avait du mal à respirer, alors elle m'a demandé sa Ventoline, et… me répond Alain à la place de Papa toujours mutique.
- Et ? Alain ? Et ? Je crie presque impatiente.
- J'ai appelé son médecin traitant parce qu'elle avait du mal à respirer, il m'a dit d'appeler le Samu, ils ont mis 42 minutes à arriver. Elle respirait plus, Audrey !

OK, fais le point Audrey, fais le point. Y a pas un ange ici qui peut m'aider, bordel ? Putain, Il n'y a personne… Je refais une mise à jour de mon cerveau : Ok. Ma sœur – fatiguée - OK - elle a dormi ce matin - OK - elle s'est réveillée - OK - est descendue les lèvres violettes - OK - puis Ventoline, médecin, Samu, elle respire plus. Putain mais je suis où là ?

- Elle est où ? demandai-je, la gorge nouée, à Alain.
- Au salon avec les médecins, on nous a demandé d'attendre dehors, ça fait une heure qu'ils sont là.
- UNE HEURE !? Et donc vous vous êtes dit qu'il fallait me prévenir que maintenant ?

Je crie, les yeux remplis de colère.

Cette fois le silence. J'entends le silence. Puis je commence à ressentir ce qui se passe vraiment. Mes parents sont assis sur la murette, chacun avec sa peur, ses angoisses. Alain, lui, est bien sûr dans cette même peur, le regard rempli de chagrin.

Mon sentiment à moi ? Rien. Je ne DOIS rien ressentir de toute façon. Il est normal que mes parents et l'amoureux de ma sœur soient dans la peur, l'angoisse. Mais si je me mets à ressentir la même chose, alors qui va pouvoir les aider à surmonter ce qui est en train de se passer ?

Alors je m'interdis de ressentir quoi que ce soit. Instantanément. Je me glisse entre mes parents, je m'assois et je tends mes mains de chaque côté, pour serrer les leurs. Ils font de même. Mes yeux se posent sur Alain, et j'essaie de lui envoyer un regard se voulant rassurant.

- Ok, alors on va attendre. Elle se bat, j'en suis sûre, j'en suis sûre, dis-je aux miens en serrant les mains de mes parents, plus fort.
- Oui j'en suis sûre aussi, elle est forte ta sœur. Ne t'inquiète pas, ma chérie, murmure Maman.

Je ne sais pas qui veut rassurer qui … Ou si ce sont des mots, juste pour des mots.

L'attente est un véritable enfer. Mes parents s'agitent. Fument cigarette sur cigarette. Tout comme moi. Nous marchons d'un bout de la maison à l'autre. Puis faisons l'inverse. Nous échangeons peu. Je crois que nous retenons tous notre souffle. Puis la porte d'entrée s'ouvre, laissant passer des jeunes hommes habillés en pompier. Ils ne parlent pas et repartent chercher du matériel dans leur camion. Quand ils se dirigent de nouveau vers la maison, j'intercepte l'un d'eux :

- Monsieur, pardon, mais nous attendons, que se passe-t-il ?
Nous sommes dans le silence, nous ne savons pas comment va
ma sœur, la fille de mes parents, la femme de mon beau-frère.
Aidez-nous s'il vous plait, c'est insupportable d'attendre sans
savoir.
- Oui Messieurs, Dames. J'appelle le médecin pour qu'il vienne
vous voir, dit le jeune pompier, mal à l'aise en retournant dans
la maison, les mains chargées, très certainement, de malettes
médicales.

Mon père me demande une cigarette, la quinzième
depuis mon arrivée. Je lui tends, bien entendu. Et j'en allume
une aussi.

La peau autour de mes ongles me fait mal tellement mes
dents ont déchiré les chairs. Maman tourne en rond, passant ses
coups de téléphone. Certainement à son homme. Alain a mis ses
avant-bras sur la grille de la rambarde, et y a posé sa tête. Le dos
voûté. Moi, je passe la main sur l'épaule de mon père. Il relève
la tête et même si je vois la peur dans ses yeux, il me fait un
minuscule sourire, et me demande :

- Ça va aller, hein ?
- Je ne sais pas, Papa, mais ma sœur est une battante, ça c'est
certain.

J'appelle mes anges, je les appelle tellement fort. Aucun
n'est là. Aucun. À quel moment mon frère ange a disparu ? Je
ne sais même plus.

La porte s'ouvre de nouveau, quelques longues minutes
plus tard. Une grande femme apparait devant nous et retire son
masque. Son visage ne m'est pas inconnu, et pourtant je sais que
je ne la connais pas. Mes parents et Alain s'approchent d'elle.

Nous savons tous les quatre que c'est le médecin. Son visage semble soucieux.

Je suis placée entre mes parents, et nous sommes tous à l'affût du moindre mot du toubib.

- Bonjour messieurs, dames, je suis le médecin du Samu que vous avez appelé pour Alexandra. Vous êtes ses parents ?
- Oui, je suis son père, voici mon ex-femme, la maman d'Alexandra, et sa sœur.
- Bien. Pour tout vous dire, Alexandra a fait une embolie pulmonaire massive. Ce qui a créé un arrêt cardiaque. Alors nous essayons de la réanimer. Nous avons fait plusieurs injections d'adrénaline pour permettre à son cœur de repartir. Ce qu'il fait. Seulement, il repart quelques secondes puis s'arrête de nouveau. Nous la massons depuis deux heures. Nous nous accrochons, comme elle.

Je demande dans un souffle :

- Son cœur peut repartir ? ».
- Bien sûr, et si c'est le cas, nous la transférerons tout de suite vers l'hôpital le plus proche. Cependant, nous n'en sommes pas là. Pour le moment, elle se bat pour revenir. Je retourne auprès d'elle. Je vous demande de patienter Messieurs Dames. Je reviens vous informer de ce qui se passe. À tout à l'heure, courage.

Putain mais c'est un cauchemar, je vais me réveiller ?

Nous restons silencieux pendant de longues minutes. Nous ne savons probablement pas quoi échanger sur les informations que nous venons d'avoir. Pour dire quoi ? Qu'elle se bat ? Bien sûr qu'elle se bat. Nous savons que nous devons attendre, la peur au ventre. L'attente… Le silence…

Les larmes de Maman, sa peur déborde. Parce qu'elle imagine le pire… et qu'elle ne l'envisage pas une seconde.

Le silence de Papa, qui lui, je pense, est loin d'imaginer ce qui se passe vraiment.

Le choc d'Alain, qui au contraire des autres, sait parfaitement ce qui se passe.

Moi ? Rien. Le silence. Le vide.

Et puis, les heures passent. Les pompiers vont et viennent. Ils passent devant nous, le regard dur, les traits tirés.

Ce n'est qu'à 16h30, que le médecin nous demande d'entrer dans la cuisine. Nous entrons donc tous les quatre, silencieux. J'entends les bips des machines situées dans le salon. Là où ma sœur s'accroche. Alain tourne comme un lion en cage. Papa et Maman sont abattus près de l'évier. Et moi… J'attends les mots du médecin, assise sur les marches des escaliers. Elle ne tarde pas à nous expliquer :

- Nous avons injecté plusieurs fois de quoi faire repartir son cœur. Comme je vous l'ai dit plus tôt, avec les injections, celui-ci repart. Mais là aussi, comme tout à l'heure, son cœur ne tient pas le rythme que nous voulons lui insuffler. Les machines reliées à elle la maintienne, mais son cœur ne bat pas par lui-même. Vous comprenez ? Cela fait quatre heures que nous la massons. Alors, je me dois de vous informer de la situation. Son état est évidemment grave. Son diagnostic vital est engagé. J'ai bien peur que son cœur soit fatigué. Elle se bat, mais…

Je sais ce que le médecin veut nous dire. Mes parents, tout comme Alain, sont en état de choc et ne disent rien. Alain tourne toujours dans la vaste cuisine, sans rien dire.

Je respire fort, et regarde le médecin pour lui demander :

- Je me permets une question, Docteur. Si son cœur devait repartir et fonctionner normalement, avec le manque d'oxygénation qu'elle a subi, est-ce qu'elle pourrait avoir une vie normale ? j'entends par là, marcher, se nourrir, se mouvoir ? Où est-ce que ma sœur serait une personne assistée, dans un lit, à l'aide de machines ?

- Le cerveau d'Alexandra a subi beaucoup de dégâts. Le manque d'oxygène me permet de vous dire que non, votre sœur ne pourrait pas marcher, parler ou manger. Et je pense sincèrement que son état ne pourrait pas être plus critique qu'actuellement.

Elle est en train de nous dire, avec ses mots à elle, avec douceur, que ma sœur ne survivra pas. Je le comprends. Mais il semblerait que mes parents et Alain ne le comprennent pas.
Je regarde ma famille et je dis :

- Est-ce que vous pensez que ma sœur aimerait vivre comme ça ? Dans un lit, branchée à des machines qui la maintiennent en vie. Inconsciente pour le reste de sa vie. Sans pouvoir profiter des siens ? Sans pouvoir parler, manger seule, ni même marcher ? Dites-moi. Est ce qu'elle voudrait ça ? Non, elle ne le voudrait pas et nous le savons tous. Elle m'a toujours dit qu'elle ne voulait pas d'acharnement thérapeutique. Cela fait quatre heures qu'ils la massent, quatre heures…

- Elle a raison, répond le médecin. C'est urgent de vous dire que sa vie ne sera jamais plus celle qu'elle a été. De plus, nous sommes quasiment certains que son cœur ne battra plus de lui-même. Je suis désolée, nous dit-elle en repartant auprès de ma sœur.

Elle l'a dit. Qu'elle était désolée. C'est comme dans les séries, ou les films que l'on voit, où le médecin baisse la tête avec la mine grave, en se sentant désolé de ne pas avoir pu sauver cet être. Et ils n'ont pas réussi à sauver Alexandra…

Je sais que nous devons prendre la décision d'arrêter ces machines qui la relient à nous. J'imagine que ma famille le sait aussi. Je crois que je compte inconsciemment sur mes parents qui lui ont donné la vie, pour prendre cette décision. Mais il n'en est rien. Ils sont silencieux. Alain lui, tourne toujours.

Je regarde autour de moi, pour voir si mes anges sont planqués quelque part, en attendant que nos émotions éclatent. Je ne vois aucune âme. Plus même la mienne. Je me sens vide. Maman pleure, que puis-je faire ? Papa lui est en état de choc, je crois. Ses yeux fixent je ne sais quoi. Je tente de mettre de l'oxygène dans mes poumons avant d'étouffer et dit :

- Il faut arrêter de s'acharner, elle n'est déjà plus là. Elle est partie. Elle s'est battue comme une lionne. Il faut prendre cette décision. Êtes-vous d'accord avec ça ? On demande au médecin d'arrêter les machines ?

Je regarde mes parents, démunis. Je suis en train de leur demander s'ils sont d'accord pour voir leur fille s'envoler. Ils secouent la tête pour m'informer qu'ils sont d'accord avec mes mots.

- Alain ?
- Il est certain qu'elle n'aurait pas voulu ça. Oui.

C'est le moment où mes parents prennent conscience de quelque chose, et je ne saurai quoi dire. Ils s'effondrent. Je pense que cela doit interpeller le médecin puisqu'il revient quelques secondes plus tard dans la cuisine. Je le dévisage. Son air est désolé et je suis certaine qu'elle l'est.

- Arrêtez les machines, Docteur. Ma sœur n'aurait pas voulu cette vie, s'il y en a encore une pour elle maintenant.

- Vous prenez la bonne décision. Son cœur n'aurait pas tenu. Je suis navrée, nous avons fait ce qu'il fallait et elle s'est battue. Elle n'est plus là vous savez, son cerveau n'est plus irrigué, mais c'est une décision que vous deviez prendre. Mes condoléances Messieurs, Dames, me répond le médecin en quittant la pièce pour se rendre auprès d'Alexandra.

Elle doit indiquer à son équipe d'arrêter tout matériel tenant ma sœur en vie, puisque je ne les entends plus.

Mon esprit est dans une sorte de bulle où tout me semble élastique. Les mouvements autour de moi sont au ralenti.

Je viens de tuer ma sœur.

Je viens de prendre la décision d'arrêter le cœur d'Alexandra.

Mon cœur, lui, aimerait rejoindre le sien pour s'endormir. Je constate, tout en me sentant en dehors de mon corps, que je sors à l'extérieur de la maison, accompagnée de ma famille. Nous a-t-on demandé de sortir à l'extérieur ?

J'allume encore une cigarette. Maman est maintenant au sol, recroquevillée sur elle-même. Elle hurle une douleur que je ne ressens pas. Papa est assis sur la murette, il pleure. Alors je vais vers mon beau-frère, je me jette dans ses bras. Il me serre tellement fort, que je crois me briser. Ne le suis-je pas déjà ? Je sens son ventre se contracter contre le mien et il lâche les larmes qui menaçaient de couler depuis quelques heures.

Moi ? Rien. Je suis forte. Brisée, mais forte. Ils ont besoin de moi. Et moi j'ai besoin de ma sœur.

J'entre à nouveau dans la cuisine, sans demander l'autorisation. Le médecin est assis à la table, occupée à remplir des papiers. Sûrement des trucs où il est noté le jour et l'heure du décès d'Alexandra. Je la déteste de remplir ces documents.

- Je veux la voir, maintenant.
- Oh, je comprends. Toutefois, nous devrions peut-être la présenter afin que vous ne la voyiez pas… comme ça, me dit le médecin en posant son crayon.
- Maintenant s'il vous plait. Juste moi, j'ai besoin, Madame.
- Très bien, un instant s'il vous plait.

Elle se lève du siège, va dans le salon et demande à son équipe de sortir de la pièce. Une fois l'équipe médicale à l'extérieur, elle me fait signe d'entrer.

- Je vous laisse avec elle, je préviens votre famille que vous êtes près d'elle. Si vous avez besoin je ne suis pas loin.
- Merci.

Je rentre dans le salon, elle est là. Je constate son corps à même le sol. Son pantalon est large et le marcel de mon grand-père recouvre sa poitrine. Elle est décoiffée et sans maquillage. Elle qui aimait tant être apprêtée. Je constate que tous mes anges sont là, près d'elle, entourant son corps inerte. Je m'approche à petit pas. C'est irréel. Elle a la tête sur le côté. Les yeux semi fermés. Je suis vide. Je m'allonge à côté d'elle, de façon à mettre mon visage juste en face du sien. Mes yeux cherchent les siens, et je n'y trouve qu'un regard vide. Comme moi et mon être tout entier.

Ma sœur, mon dieu, ma sœur. Qu'est-ce que tu nous as fait là ? Hein ? Tu ne m'as pas attendue… Je suis là près de toi, ma sœur.

Ma main caresse les cheveux ébouriffés sur son front, puis je la pose sur son visage presque froid.
Les larmes coulent le long de ma tempe.

- Ma sœur, je vais faire comment maintenant ? Je vais faire comment, sans toi ? 'Puis nos parents, Alain, tes filles ? Comment on va faire sans toi ? Je ne comprends pas ce qu'il se passe Alexandra. C'était à moi de partir frangine, pas à toi. C'est moi qui suis malade, pourquoi toi ? Qu'est ce qui s'est passé, ma sœur ? Putain, c'est pas possible parce que je t'aime trop et que je vais pas y arriver, pas sans toi. Je t'aime trop, tu entends ? Je fais quoi de tout ça ?

Je reste de longues minutes près d'elle, attendant que sa respiration reprenne. Attendant bêtement que sa peau redevienne chaleureuse.
Je crains qu'elle ait froid. Ça tourne dans ma tête, je ne veux pas qu'elle ait froid. Alors je me lève, je pousse la porte du salon pour regarder le médecin, toujours assis dans la cuisine.

- Pardonnez-moi, je pense que ma famille souhaiterait voir Alexandra, elle est au sol. Elle a froid. Pouvez-vous s'il vous plait, pour les nôtres, pour elle, l'installer sur le canapé. Lui mettre un plaid, elle va avoir froid, lui dis-je sans respirer entre les mots.
- Bien entendu. Nous allons nous en charger, Madame, répond le médecin.

Je vais à l'extérieur retrouver ma famille en lambeau. Ce qu'il en reste. Les hurlements de mes parents, les pleurs d'Alain m'assaillent les oreilles.

Je sens du mouvement autour de moi, sûrement des personnes qui ont été prévenues par ma mère de la mort de ma sœur. Vous savez, la famille qui se réunit en cas de problème ? En cas de vraie tragédie ? Mais qui est hors de tout cela, n'est jamais présente ? C'est de cette famille-là dont je parle. *La mienne.*

Cela me donne directement la nausée. Parce qu'Alexandra n'aime pas cette famille. Non, elle ne l'aime pas. Et ils sont tous là, avec leurs larmes. Alors qu'aucun d'eux n'aurait pris de ses nouvelles il y a une semaine. *Laissez-moi rire...*

Je m'assois, écoutant les pleurs et lamentations de ceux qui sont à côté de moi. Une colère m'envahit. Et je la tais. Ce n'est pas le moment, tu te contiens. Papa, Maman, Alain, les filles ont besoin de toi. Alors tu t'armes, tu mets tout ça de côté et tu gères. Tu entends, Audrey, tu gères !
Et je gère.
Je porte mes parents pour les aider dans leur peine. Et le mot est bien faible.

Le choix des vêtements, ce qu'elle aimait, ce qu'elle voulait pour son enterrement ? Je suis là.
Le choix des textes religieux ? Je suis là.
Si elle souhaitait être incinérée, ou enterrée ? Je sais, puisqu'elle me l'avait dit, donc je suis là.

Je suis forte, mon chagrin, je le gérerai plus tard.

L'urgence c'est ma sœur, mes parents, les personnes que j'aime et qui entouraient ma sœur. Uniquement cela.

Et si vous me demandez si je ressens quelque chose dans mon corps, dans mon cœur, une partie de moi s'est envolée avec elle. Je me sens « à demi ».

Mon désarroi, ma peine, mes larmes ? Pour le moment ce n'est pas important.

Je suis dans un autre monde. Je vais bientôt me réveiller et la retrouver.

Et le réveil a été douloureux… Encore plus douloureux.

Un mois...

Vide...

Sept mois....

Alexandra, nous nous sommes mariés avec Jérôme. Ton absence prend toute la place...

Un an...

Je me sens vide...

Deux ans....

Je ne m'y fais pas ma sœur. Je ne m'y fais pas...

Trois ans...

Et je crois que je ne m'y ferai jamais...

Quatre ans...

Je n'arrive pas à te voir, où es-tu ma sœur ? Pourquoi tu ne viens pas me voir...

Cinq ans....

Je crois que je sais pourquoi tu ne viens pas quand je t'appelle...
Parce que je ne veux pas que tu sois avec tous ces anges, pas toi...

Six ans...

*Je pense à toi chaque jour. Il parait que je dois faire ton deuil,
j'avance sur ce chemin.
Tu me manques tellement ma sœur...*

Des secondes, des heures, des jours, des mois, des années… Et tu n'es pas là.

Malgré le don de voir les anges, je ne la vois pas. J'ai cherché, j'ai demandé à mes guides, mes anges… La seule réponse : Tant que tu n'acceptes pas, tu ne la verras pas. *Accepter ? Non. Je n'arrive pas. Je ne veux pas. Je ne m'y ferai pas.*

Je sais que le deuil se fait par étape, par palier. Où je suis dans cette étape ? J'avance. Mais je ne me situe pas.

Je lui parle, sans la voir, tous les jours. Et je crois que par moments, elle est là près de moi. Quand je pense à elle, *un papillon* traverse mon champ de vision. Cela me donne le sourire, j'ai l'impression que c'est elle.

Pendant longtemps, je n'ai pas compris pourquoi elle était partie si brutalement, et j'ai fini par me dire que je n'aurai jamais de réponse. J'ai accepté de me détacher de cette question. Elle est partie... Son absence quotidienne me le prouve indéniablement.

Bien entendu, le vide qu'elle laisse, le manque d'elle, chaque jour, me pulvérise. Je suis partagée entre la frustration de ne pas la voir en ange, et l'acceptation de son départ. Et c'est sûrement là où les choses bloquent. Je crois savoir quoi faire. Pour autant, le savoir et le faire sont deux choses bien différentes.

Je me suis demandé aussi, si elle n'osait pas se montrer, pensant que je lui en voulais de m'avoir laissée seule ici, ? Mais je constate que je ne lui en veux plus, mais elle n'est toujours pas là. J'ai aussi pensé qu'elle ne m'aimait plus, et que pour cette raison, elle ne voulait pas être près de moi.

J'ai consulté un médium, qui m'a parlé de ma sœur. Ce médium la canalise près de moi. Et moi ? Je ne vois rien...

On m'a dit qu'il fallait du temps. Je n'y crois pas. Pourtant, je fais face au temps qui passe…

Cela fait six ans que ma sœur, Alexandra, a disparu, six années.

Papa pense qu'elle reviendra, j'essaie de lui faire comprendre que non, elle ne reviendra plus. Il n'accepte pas, et je le comprends tellement bien.

Maman a perdu la moitié d'elle. Elle dit souvent que nous sommes ses jambes. Et qu'à ce jour, elle est bancale. Je la comprends aussi.

Alain, lui, vit dans le chagrin de l'absence de sa femme. Il est seul, s'isole souvent. L'amour qu'il lui porte est là, intact. Comme au premier jour. C'est si beau.

Les enfants d'Alexandra tentent de se construire sans leur maman… et continuent de vivre. Elles ont raison. Elles sont à leur tour maman, et c'est le plus beau cadeau que la vie pouvait leur apporter. Je pense souvent qu'Alexandra leur a permis ce rôle sublime en leur envoyant ces jolis cadeaux.

Notre famille est orpheline.

Le vide qu'elle a laissé, crée ce plein que nous ressentons tous. Le plein d'amour que nous lui portons, le plein de manque d'elle. Le plein d'absence.

Je travaille sur ce deuil, chaque jour.

Je lui parle, tous les jours.

Je souhaite de tout mon cœur, de toute mon âme, de toutes mes forces, la revoir un jour. Tel un ange, MON ange.

Petite sœur, viens me voir s'il te plait...

Je te promets d'accepter ton départ, mais plus tard...

Albert et sa fille

Les courses sont un véritable enfer pour moi. Non pas parce qu'une grande surface est pleine de personnes, non, simplement parce que ces personnes sont toutes accompagnées de leurs anges.

Alors quand je rentre dans ces lieux, l'angoisse me monte à la gorge. Si un des anges présents ici, capte que je le vois ou l'entend, autant dire que mes courses vont durer très longtemps, et que mon énergie s'amenuisera au fur et à mesure.
Ce simple fait de faire les courses en grande surface me vide complètement.

Je me faufile discrètement dans les rayons, en essayant de passer le plus inaperçue possible. Je regarde rarement devant moi, préférant regarder ma liste de courses, ou encore mon caddie.

Si on me voit, c'est foutu ! Si un ange passe à côté de moi, et comprend que je peux entrer en contact avec lui, alors c'est comme un signal qu'il diffuse. Tous les anges vont donc venir à moi et me demander des choses que je ne serai évidemment pas en mesure de faire. Surtout dans cet endroit.

Quand j'arrive au rayon sauce tomate, je croise une femme d'une soixantaine d'années, qui essaie de comprendre sa propre liste de courses, je la regarde plisser des yeux, elle doit tenter de se relire. Je l'entends soupirer et quand ses yeux croisent les miens quand elle redresse la tête, je suis prise spontanément d'une énergie étrange.
Ce n'est pas son aura de lumière qui me percute, c'est autre chose. Les frissons parcourent mon corps. J'ai le besoin irrépressible de la prendre dans mes bras, de lui dire que ça va

aller. Mais je n'en fais rien. J'écarte cette pensée lourde et intrusive. Je me contente de la saluer en lui adressant un petit sourire. Auquel elle répond avec joie.

Cette femme est en train de vivre un truc, et j'aimerais pouvoir comprendre ce que c'est. Mais je ne peux pas aller la voir, lui poser cette question, elle ne comprendrait pas.
J'essaie d'inverser les situations. Et si une femme venait me voir, pendant mes courses, pour me dire, « Je vous trouve bizarre et j'aimerais vous serrer dans mes bras », je ne suis pas certaine de bien le vivre.

Alors je prends ma sauce tomate et je m'engage pour quitter le rayon, mais une voix douce attire mon attention. Au départ, je ne pense pas que c'est à moi que l'on s'adresse. Puis j'entends la même voix, plus insistante. C'est la voix d'un homme dans mon dos. Presque derrière mon oreille.

Je me retourne et vois un monsieur angélique, de la même tranche d'âge que la dame que je viens de croiser.

Je baisse les yeux et constate qu'il n'a pas de pieds. Oh ok, un ange !

- Madame, pardonnez-moi, vous me voyez, n'est-ce pas ?
- Oh euh, oui, je crois, lui répondis-je stupéfaite, me dirigeant vers les sauces béchamel cette fois, pour ne pas avoir l'air bizarre.
Heureusement que j'arrive à leur parler dans ma tête, sans cela j'aurai été internée depuis longtemps !

Ce qui semble l'apaiser instantanément.

- Alors vous pouvez m'aider ? dit ce monsieur chétif, semblant tellement adorable.

Vous voyez, le genre de personne que vous avez envie de cajoler tendrement ? Comme un papi tendre, qui vous a donné beaucoup d'amour. Il me fait penser à un grand-père, aimant. Son visage est doux, agréable et souriant.

- Oh Monsieur, je ne sais pas comment vous aider ? J'imagine que vous ne cherchez pas le rayon légumes ? lui dis-je en pouffant de rire.

Pourquoi je dis ça, sérieusement ?
Note à moi-même : revoir mon humour !

- Oui en effet, cela ne m'intéresse guère. Pouvez-vous aller parler à ma femme s'il vous plait, elle est là juste derrière, me dit papi sympa.
- Oh monsieur, non je ne peux pas faire ça, regardant toujours les sauces béchamel.
- Pourquoi ? Si vous m'entendez et me voyez, alors vous pouvez m'aider, l'aider elle…

Je sais de qui il parle, je n'ai pas besoin de lui demander. Cette femme, que j'ai captée tout à l'heure, que j'avais envie de serrer dans mes bras et à qui j'aurais voulu dire que tout allait bien aller.

Cependant, je ne peux pas rentrer dans la vie des gens comme ça.

- J'ai besoin de vous, Audrey.

À quel moment je lui ai dit comment je m'appelais ?

- Albert, je m'appelais Albert. Je suis son père, me dit l'homme en me montrant la femme que je viens de croiser qui d'ailleurs en train de se diriger vers un autre rayon.

Merde, merde, merde

Je sais à cet instant que je vais l'aider. Parce que je me soucie déjà de savoir où va aller cette dame, et de ce que je devrais faire pour la retrouver, alors je prends mon caddie et la suis discrètement. Albert à mes trousses… bien entendu.

- Albert, vous êtes bien sympa, j'en suis sûre, mais je ne vais pas aller voir votre fille pour lui dire « excusez-moi Madame, votre père me suit depuis tout à l'heure, il aimerait vous parler ». Vous imaginez un instant l'impact que cela pourrait avoir sur sa vie ? Hein ? dis-je à l'ange à mes côtés.
- Elle vous croira ! Il le faut, je ne viens pas vous voir pour rien vous savez, et si vous deviez le faire, c'est que cela aura une influence directe sur sa vie, et c'est le but, ma chère Audrey. Tout est écrit. Alors vous de-vez aller la voir, dit Albert en insistant sur le mot de-vez.
- Bon alors disons que je sois ok pour aller la voir, ce qui n'est pas le cas, que dois-je lui faire passer comme message ?
- Que je suis bien son père. Elle a toujours pensé que je ne l'étais pas, légitimement. Dites-lui qu'Albert est bien son père et que je la remercie pour cette jolie fleur jaune qu'elle m'apporte chaque semaine, les mardis. Le jour de ma mort. Cela va la libérer. S'il vous plait. Aidez-nous !

Mais dans quoi je m'embarque encore…

212

Je ne sais pas pourquoi il me demande cela, et je doute que cette femme veuille m'écouter. Elle va très certainement se demander d'où je sors, sans aucun doute !
Mais, poussée par mon énergie et celle d'Albert, je me dirige vers le caddie de la dame et me poste à côté d'elle. Elle relève la tête des conserves, et me regarde avec un demi sourire gêné.
Et je comprends sa gêne, je suis moi-même gênée. Je m'approche encore un peu d'elle et à ce moment, je sais que j'entre dans sa zone intime. Cette fois, son sourire s'éteint.

- Ça va, madame ? me demande la femme brune à mes côtés.
- Oui, oui parfaitement bien, je vous remercie, et vous ?
Non mais vraiment je viens de lui demander comment elle allait ? Qui fait ça, nom de dieu ?
- Euh, vous voulez quelque chose ?
- Alors oui, justement, vous n'allez pas me croire, mais je suis médium, oui je sais c'est assez cash comme information. Voilà je marchais derrière vous, dans le rayon à côté. Je lui dis en montrant le rayon du doigt. Et une âme est venue me voir !

Elle va te prendre pour une folle de lui dire ça comme ça !

Elle me regarde avec des billes rondes, se demandant sûrement quel extra-terrestre je suis. Elle ne me dit rien, alors je continue.

- Madame, je ne vous demande pas de me croire, vraiment. Mais je crois que votre papa Albert me suit depuis tout à l'heure.

Cette fois, je l'ai perdu, son visage se décompose.
Tu t'attendais à quoi Audrey sérieusement ?

- Je vous demande pardon ? Mais qui êtes-vous ?

- Oh pardon, je ne me suis pas présentée, je suis Audrey, et je suis médium mais ça, je crois vous l'avoir déjà dit, lui dis-je en souriant.

Cela ne semble pas drôle à en voir son visage figé.

- Oui et ? J'ai pas bien compris votre demande Audrey ! me dit-elle.
- Oh… Je n'ai pas de demande, moi, c'est votre père qui en a une. Moi, je faisais mes courses tranquillement avant qu'il ne vienne me parler.
- Oh ! donc, vous êtes en train de me dire que vous faites vos courses et que mon père est venu vous parler, c'est bien ça ?
- Tout à fait ! lui dis-je sans sourciller.
- Et mon père serait où, d'après vous ?
- Juste derrière vous, madame !

Elle se retourne avec précipitation. Cette fois, son visage devient blême.

- Enfin, vous ne le verrez pas, mais je peux vous assurer qu'il est derrière vous. En fait depuis cinq minutes, il me demande de venir vous voir, pour vous dire certaines choses. Il pense qu'il serait bien que vous les entendiez.
- Oh… Et qu'est-ce qui vous fait croire que je vais vous écouter ?
- Lui ... lui assurai-je, sûre de moi. S'il me l'a dit, je lui fais confiance.

Elle reste un moment à me regarder. Je vois qu'elle scrute mon regard. Soit, elle se demande de quel monde je viens, soit elle s'interroge sur l'authenticité de mes mots. Ou les deux.
Elle respire fort, comme un soupir, presque embarrassant.

- Je pense que ce n'est ni l'endroit, ni le moment pour cela, madame.
- L'endroit, je suis d'accord, en revanche, le moment je pense que si. Nous ne nous croisons pas pour rien, et si votre papa Albert, veut vous passer un message, c'est qu'il a jugé que c'était le moment parfait. Mais je vous l'accorde, le lieu n'est pas des plus intimes.
- Heu…
- Vous voulez ce message ou pas madame ? ne souhaitant pas passer ma journée dans ce rayon, à attendre. Si vous ne le souhaitez pas, ce n'est pas grave, il n'y a évidemment pas d'obligation, c'est juste que votre papa est assez convainquant quand il veut quelque chose ! »
- Oui, il était comme ça, en effet, me répond la dame avec un sourire tendre. Et comment savez-vous qu'il s'appelait Albert ? finit-elle par dire, en prenant conscience de mes propos.
- Eh bien, il me l'a dit. Il souhaite vous dire qu'il est bien votre père, légitimement. En tout cas, ce sont ses mots. Les choses vous parleront à vous. Il vous demande de ne pas vous inquiéter, et vous remercie sincèrement pour la fleur jaune que vous déposez sur sa tombe chaque mardi. Il les aime beaucoup, lui dis-je en posant ma main sur son épaule.

Je constate que je la percute instantanément. Que mes mots, ceux de son père la touchent. Je sais aussi, qu'elle pense vraiment être tombée dans une forme de supercherie. Et je ne lui en veux pas, je comprends son regard inquiet. Je vois également ses épaules s'affaisser. Ce qui me procure un bien être instantané. Elle a reçu un message de son papa et ce message vient de lui enlever les poids qu'elle portait.

- Je ne sais pas quoi vous dire Madame, je suis …
- Surprise, je comprends aussi. Et vous n'avez rien à dire, juste à prendre cette information. J'espère simplement que cela

soulagera un peu ce que vous ressentez. Je ne vous prends pas plus de temps Madame, prenez soin de vous, c'est tout.

Je m'engage vers mon caddie, et cette fois, c'est sa main qui se pose sur mon épaule.

- Je suis sous le choc, ne m'en voulez pas. Vous venez de me bouleverser. Je ne sais pas quoi dire. En effet, je dépose une fleur jaune chaque mardi sur la tombe de Papa, et je me posais toujours cette question sur la légitimité… je… vous venez de me soulager de dix ans de travail auprès d'un psychiatre. Je ne sais pas comment vous remercier Madame, c'est tellement fou ce qui vient de se passer.
- Je suis ravie de savoir que j'ai pu vous soulager. Vraiment. Vous n'avez pas à me remercier Madame. Vous avez simplement un papa très menaçant, lui dis-je en rigolant.

Ce qui la fait éclater de rire. À cet instant, je pense avoir fait mon essentiel pour ce cher Albert et pour sa fille.
Alors discrètement, je récupère mon caddie, remercie la femme pour sa gentillesse et me dirige dans le rayon suivant en espérant ne pas tomber sur un autre ange, qui aurait besoin de mon aide.

Cette femme avait les yeux brillants quand je l'ai quittée, parce que je sais, que je venais de bouleverser sa vie. Comment cela pourrait-il en être autrement ? Positivement, mais tout de même. Cela n'est jamais anodin.
Albert m'a remerciée lui aussi. Me disant que sa fille avait besoin de ça, pour avancer dans son deuil. Je repars de ce rayon, plus légère, soulagée de savoir que j'ai pu aider cette femme à aller mieux, à ma façon.

C'est cela être médium je crois, pouvoir soulager les personnes qui en ont besoin, au travers de ce don. Je me fais donc doucement à cette idée, je vais peut-être pouvoir soulager tout un monde. Le mien.

Virgile

Je remonte la grande côte qui mène à la maison de mon enfance, je passe devant mon école maternelle, là où un drame s'est déroulé. Je ne peux pas m'empêcher d'avoir une pensée émue pour le camarade que j'ai perdu ici. Les souvenirs sont lointains maintenant. De là où il est maintenant, je sais bien qu'il est en paix et c'est finalement ce qui me rassure face au décès violent qu'il a subi.

Quand je passe devant cette école, même des années après, j'ai toujours des images terrifiantes de son corps allongé sur le sol avec cette immense mare de sang. Alors je m'oblige à fixer mon regard sur mes chaussures, le temps de passer mon chemin.

Quand enfin, je vois le bout de cette côte, mon cœur et mon souffle sont synchronisés. Il est vraiment temps que j'arrête de fumer. Je me le dis souvent, en vain. J'ai du mal à prendre ma respiration et bien que je m'approche de la maison, il reste quelques centaines de mètres encore à parcourir.
En ce jour d'hiver, je remonte mon écharpe sur mon cou, pour me maintenir au chaud.

Je longe donc tous ces trottoirs consécutifs quand mes yeux sont attirés simultanément par deux choses. Une femme sur le trottoir de l'autre côté de la route, qui marche dans le sens opposé à moi et un petit garçon qui lui, est sur le même trottoir que moi, et qui vient vers moi. D'un premier coup d'œil, j'ai l'impression que ces deux personnes là, bien que très différentes, ont une énergie commune.

Je lève donc les yeux vers le petit garçon et constate que lui, ne fait plus partie de notre monde. Il a physiquement huit ans à peu près, des cheveux blonds presque blancs, un air angélique sur le visage, et des yeux bruns sublimes. Quand nos regards se croisent, il doit prendre conscience que je le vois, puisque ses billes deviennent plus rondes. Il est à quelques mètres devant moi, toujours face à moi et je l'entends me parler.

- Vous me voyez ? Vous m'entendez ?

Je lui réponds dans ma tête par la pensée :

- Oui.
- J'ai besoin de vous, il faut que vous m'aidiez ! me dit-il, presque paniqué.
- Oh euh, comment veux-tu que je t'aide ? lui dis-je, d'un air sceptique.
- Ma maman, c'est ma maman sur le trottoir en face de vous, il faut aller la voir s'il vous plait, j'ai besoin de lui parler !
- Je ne peux pas faire ça, petit. Elle ne comprendrait pas, ta maman.
- Si, elle va comprendre, il faut que vous la suiviez, et que vous lui parliez, me rétorque-t-il en s'approchant de moi. Il faut lui dire que ma mort était un accident, elle n'a rien à voir avec ça. Je suis mort bébé, dans mon lit. Maman a cru que je m'étais étouffé dans la couverture qu'elle avait posée sur moi. C'est pas vrai, je suis mort de la mort subite du nourrisson. Mais elle croit que c'est de sa faute !

Son histoire, bien entendu, me touche en plein cœur. Ce petit, si petit quand il est décédé, semble tellement perdu. Je n'arrive pas à me dire que je vais le laisser là sans l'aider. Je respire un grand coup, et il comprend à ce moment-là que je vais l'aider.

La femme en face de mon trottoir, continue son chemin, sans même me prêter attention. Elle est sûrement plongée dans ses pensées, et je n'ose intervenir. Alors je la laisse s'éloigner et m'approche du petit ange qui me fait face pour l'interroger.

- Comment t'appelles-tu ?
- Virgile, je m'appelais comme ça. Maman s'appelle Sylvie. Papa Alexandre, et mon grand frère Romain.

Je vois du coin de l'œil, la femme tourner dans une petite rue. J'ai peur de ne plus jamais la revoir.

- Nous habitons au coin de la rue. Elle rentre chez nous, me dit Virgile, comme s'il lisait mes craintes.
- Humm, raconte-moi ton histoire, Virgile ! lui dis-je en posant mes fesses sur la murette d'un des voisins du coin. Et je vois qu'il s'installe à mes côtés. Cela me fait sourire, parce que je sais que je vais pouvoir le libérer d'un poids posé sur ses ailes.

***

Quand mes phalanges cognent contre le bois de la porte, je me demande ce que je fais ici. Virgile, ma grand-mère et mon jumeau sont à mes côtés. J'ai l'impression que je ne plus savoir quoi dire à cette famille.
Il y a quelques minutes, j'étais sereine et sûre de moi, mais à cet instant, je sens mon sang se figer quand la porte s'ouvre sur un visage fermé.

- C'est maman ! me dit Virgile.

Mais je fais mine de ne pas l'entendre.

J'essaie de sourire à la dame face à moi, mais ce sourire est crispé, je le sais.

- Bonjour Madame, excusez-moi de vous déranger, j'habite quelques rues au-dessus de chez vous. Je marchais dans la rue tout à l'heure et j'aimerais vous parler, dis-je à bout de souffle.
- Bonjour, oui bien sûr. Que se passe-t-il ?

Et je ne sais pas quoi lui dire. Alors je reste là, figée devant elle. Ma grand-mère a l'air dépassé par ma réaction. Quant à mon frère il se cale derrière moi et me demande de respirer calmement. Ce que je fais. Je reprends mon souffle, perdu depuis qu'elle a ouvert la porte. Je tente de me calmer. Cependant mon silence doit être long puisque son regard s'inquiète de ne pas me voir répondre.

- Tout va bien ? me demande-t-elle.
- Oh oui oui oui, ça va. J'aimerais vous parler Madame, je peux entrer s'il vous plait ?

Aussi fou que cela puisse paraitre, elle m'ouvre la porte et je remercie silencieusement son fils, Virgile, à mes côtés. Je suis certaine que c'est lui qui a permis à sa maman d'ouvrir cette porte. Quand j'entre, le parfum de la maison envahit mes narines. Virgile m'informe que rien n'a bougé depuis son départ. Quand nous entrons tous dans cette grande pièce, la femme me montre la table de la salle à manger, puis me propose de m'asseoir.

- Installez-vous. Mais je n'ai toujours pas compris de quoi vous souhaitez parler ? Un souci avec Romain, mon fils ?
- Oh non Madame, pas du tout, ne vous inquiétez pas. Je sais que cela est tout à fait inopportun, et je m'excuse de vous déranger.

Je me lance et lui déclare :

- C'est toujours très délicat à dire, mais je suis médium. Vous connaissez, Madame ? ne sachant pas quoi lui dire d'autre.

Mes anges se mettent à tourner dans la pièce, ils observent les cadres remplis de photos, accrochés au mur, les bibelots, pendant que Virgile, lui se pose à mes côtés. Il pose sa main sur mon épaule, ce qui m'envoie une décharge électrique dans tout le corps.

- Oui, je sais ce qu'est un médium, mais je ne comprends pas votre venue ici. Vous êtes en panne ?
- Je comprends, voilà je vous explique. J'étais dans la rue tout à l'heure et vous étiez sur le trottoir en face. Ma médiumnité m'a permis de canaliser votre fils, Virgile. Je marchais pour rentrer chez moi, et je l'ai vu face à moi. Alors je sais que cela peut paraitre fou, et ça l'est sûrement. Je souhaite juste l'aider…

Elle me coupe.

- Je crois en tout ça, mais comment connaissez-vous Virgile ?

Son regard fouille le mien, et j'y vois tellement de tristesse.

- Je ne le connais pas Madame. Il est simplement venu me voir tout à l'heure, je ne l'avais jamais vu avant. Je ne vous connais pas, ni vous, ni votre famille.
- Alors pourquoi êtes-vous là ?

Sa question fait sens.
Que fais-je là ? À quel moment j'ai décidé de rentrer dans la vie d'une famille, et de tout perturber ?

222

- Je ne sais pas… je crois que c'est votre fils qui m'envoie.
- Mon fils ? Virgile ?
- Oui, j'ai parlé avec lui, et il est avec moi en ce moment même…
- Il est ici ? m'interroge-t-elle, les yeux larmoyants.
- Oui, je crois qu'il est venu pour vous apaiser, Madame. Je peux vous appeler Sylvie ?
- Oui bien sûr, mais comment connaissez-vous mon prénom ?
- Virgile, lui répondis-je pour toute réponse. Et votre prénom est noté sur votre boite aux lettres.

Je lui souris bêtement. Je la vois s'agiter sur sa chaise face à moi. Elle croise ses mains nouant ses doigts les uns aux autres. Elle est stressée, et je la comprends parfaitement.

- Je comprendrais Sylvie, que vous souhaitiez que je parte. Je ne vous impose rien du tout, je vous informe simplement. Si vous souhaitez connaitre ce que Virgile a à vous dire, alors vous n'avez qu'à me le dire et je me ferai un plaisir de vous apaiser.
- Restez, je crois qu'il me faut juste un peu de temps pour encaisser ce qui se passe. Vous souhaitez un café ? Je ne vous ai même pas demandé votre prénom !
- Audrey, je m'appelle Audrey, lui dis-je en souriant.
- Audrey, vous souhaitez donc un café ?
- Avec plaisir.

Je la regarde se lever, les jambes fébriles. En partant à la cuisine, je ne vois que son dos voûté et cela me remplit de chagrin.

Les anges qui m'entourent sont, eux, toujours en pleine possession des lieux. Ils observent tout. Quant à Virgile, lui, il regarde sa maman s'éloigner.

- Merci de faire ça pour moi, vous allez aider ma maman à enlever sa culpabilité, c'est important pour moi, mais par-dessus tout, pour ma famille.

Je le regarde profondément et lui souris, pourtant peu sûre de moi, sur ce coup-là.

Ma grand-mère elle, me dit tout en regardant une photo :

- Tu es à l'endroit parfait, c'est exactement là où tu dois être, ne doute pas.

Si cela a pour but de me rassurer, ça n'a pas vraiment l'effet escompté. Mon cœur bat plus vite en constatant que Sylvie revient dans la pièce les mains chargées d'un plateau contenant des tasses et une cafetière. Quand elle pose le plateau sur la table, je constate qu'il s'y trouve du sucre, des cuillères et des petits biscuits.

- Vous prendrez du sucre ? me dit Sylvie.
- Non ! répond ma grand-mère, ce qui est tout à fait absurde.

Je réponds à mon tour.

- Oui, merci.

Elle pose une tasse face à moi ? avec le sucre. Je me sers et me met à tourner la cuillère dans le contenu d'élixir fumant ne sachant plus quoi dire. Je sens que Sylvie attend pourtant que je le fasse. Elle a le regard posé sur son café noir. Je n'entends que le cliquetis de ma cuillère contre la porcelaine. Mes anges eux, sont tout comme nous, silencieux. Le temps est comme suspendu.

- Souhaitez-vous que nous parlions de Virgile ?

Je la regarde cette fois dans mes yeux.

- Oui, je vous écoute.
- Virgile est décédé il y a dix-sept mois. Vous l'avez retrouvé dans son lit, il avait un mois. Et je suis tellement désolée que vous ayez eu à vivre cela.

Sylvie est sous le choc. Je vois la couleur de son énergie corporelle bouger. Le vert tout autour d'elle devient plus foncé. Je n'en connais pas le sens, ni la signification, mais je vois que quelque chose se modifie. Je poursuis le message que je dois transmettre, après le regard d'approbation de son fils à mes côtés.

- Virgile m'a expliqué ce qui s'est passé ce soir-là. Il était 20h30, vous êtes allée coucher votre petit dans son lit, dans sa chambre. Vous avez posé sur lui une couverture de couleur blanche et bleue, pour qu'il puisse avoir bon chaud. Vous l'avez embrassé sur le front avant qu'il ne s'endorme et il vous en remercie de l'avoir fait. Vous avez quitté sa chambre pour aller finir de manger votre assiette, qui n'était plus chaude. Une purée de carottes et un steak haché. Votre mari et vous étiez épuisés, parce que Virgile dormait peu depuis son arrivée. Vous avez fini votre repas froid sans discussion. Mais vous avez l'habitude, votre mari n'est pas un grand parleur.

Les yeux de Sylvie sont fixés aux miens. Les larmes coulent sur ses joues. Elle est silencieuse et je respecte son silence.
J'ai envie de me lever et de la prendre dans mes bras. Je me retiens et continue de lui décrire ce moment douloureux.

- Après ce repas, vous êtes allée rapidement vous coucher, vous aviez hâte d'être allongée. Parce que le bas de votre ventre vous faisait mal suite à cette césarienne imprévue. Vous avez dormi, votre mari aussi, toute la nuit. À votre réveil, vous vous êtes surprise à penser que c'était bien de dormir correctement. Vous avez senti de la fierté de savoir que Virgile avait, lui aussi, dormi correctement cette nuit-là. Je suis désolée.

Cette fois, elle pleure à chaudes larmes, je ne peux me retenir, alors je me lève et m'accroupis à côté d'elle pour poser ma main sur son épaule. Ses sanglots m'envoient de la tristesse. Mes yeux se noient de larmes. Cette famille a été détruite et je réveille cette douleur. Je me sens imparfaite. Je me sens inutile face à cette violence.

- Sylvie, regardez-moi. Regardez-moi, s'il vous plait.

Elle tourne sa tête vers moi, et fixe ses yeux aux miens.

- Ce n'est pas de votre faute. Cette couverture chaleureuse n'a pas tué votre bébé. Il est décédé de la mort subite du nourrisson. Vous n'avez rien fait qui l'ait mis en danger. Vous êtes une excellente maman. Virgile est venu à moi pour vous donner ce message. Il aimerait que vous arrêtiez de culpabiliser. Vous n'êtes responsable de rien, si ce n'est que de lui avoir donné autant d'amour. Ce que vous vivez est un drame et ce que je vous dis n'enlèvera rien à l'absence de votre petit Virgile, rien. Et si je pouvais vous enlever cette douleur, je le ferais. Il souhaite que vous compreniez qu'il va bien. Il n'a pas eu de douleurs ce soir-là. Et que vous êtes de bons parents, vous et votre mari.

Elle éclate cette fois en gros sanglots. Je ne me retiens plus et la serre dans mes bras. Elle pose sa tête sur mon épaule et je la laisse pleurer sans rien dire. Pendant de longues minutes.

Virgile, à mes côtés, semble plus lumineux, plus apaisé encore que quand je l'ai rencontré.

Elle redresse la tête et finit par me demander :

- Vous savez tout ça comment ?
- C'est votre fils, il est à mes côtés. Il m'a guidée à vous pour vous aider. Alors je sais que je ravive une douleur et je déteste ça, mais s'il veut que vous entendiez tout ça, c'est que cela doit être comme ça. Il m'assure que ce que je vous dis va vous aider.
- Il m'en veut ? dit Sylvie en essuyant son nez du revers de la main.
- Non ! Non ! Il ne vous en veut de rien et vous demande de ne plus vous en vouloir à vous-même. Je vous le répète, vous n'êtes pas responsable.
- Mais je ne l'ai pas entendu mourir !
- Et vous n'auriez rien pu changer. Je suis certaine que les choses sont écrites, je sais que c'est difficile pour vous de l'entendre, surtout dans ces circonstances. Mais il me dit que vous n'auriez rien pu faire.
- Je ne sais pas quoi faire de ce que vous me dites là.
- Je comprends, et cela mettra du temps.
- Il est là ?
- Oui, il est là.
- Il me manque tellement, dit Sylvie, plaintive.
- J'en suis sûre. Il m'a dit qu'il était avec vous tout le temps, également avec son frère Romain. Il dort souvent contre vous et me dit qu'il voit quand vous serrez son doudou fort contre vous. Il vous entend lui parler et vous lui parlez souvent !

Cette fois, elle rit.

- Oui, tout le temps ! Et pour son doudou c'est vrai aussi, je le garde contre moi pour m'endormir.

Je me redresse, regagne ma chaise et la regarde attentivement. Je sais qu'elle souhaite se libérer et je veux l'aider à cela.

Alors je l'écoute pendant plusieurs heures. Elle me parle de ses souvenirs, mais aussi de ce qu'elle vit avec son autre fils Romain. Et je sens qu'elle se libère doucement, progressivement.

Mes anges autour de moi, écoutent tout aussi attentivement que moi, l'histoire de cette maman brisée.
Virgile dans la pièce, se met à courir, sauter de joie. Cela me rend heureuse pour lui.
Mon âme est soulagée de savoir que cette fois, j'ai peut-être sauvé une maman de la culpabilité. Tout est écrit. Si j'ai croisé Virgile à cet instant, c'est que je devais l'aider. Lui et sa famille. Quand je sors de chez Sylvie ce jour-là, je me sens libre.

Nous avons échangé nos numéros de téléphone pour se donner des nouvelles. J'en prends, tout comme elle, régulièrement. Elle avance petits pas par petits pas, et c'est mon plus beau cadeau.

Virgile, lui ? Il est auprès des siens, soulagé de savoir que sa maman se libère doucement de cette culpabilité. Pour mon plus grand bonheur.

EXPERIENCE CORPORELLE

« Mon âme de sauveuse a de suite été attirée par ce qu'il y avait à sauver en lui ».

Je rentre du travail, épuisée par cette journée. Les patients dont je m'occupe ont dû se donner le mot, car aucun n'avait envie de faire d'efforts cet après-midi.
Travailler en service Alzheimer n'a rien de simple.

Les patients sont pour la plupart âgés, et pour l'intégralité d'entre eux, leur mémoire n'existe plus. En effet, le service dans lequel je travaille, accueille des personnes atteintes de cette maladie, à un stade avancé.
La notion de souvenir, mis à part très lointain, est caduc. Ils ne se souviennent pas et souffrent beaucoup. Cela demande donc beaucoup d'énergie pour répéter les mêmes mots chaque jour, afin de leur créer un environnement paisible.

Il est important pour moi, de les rassurer, et de les accompagner vers une fin de vie, douce. Le plus difficile à gérer pour moi, en tant que soignante, c'est le sentiment d'impuissance de la famille. Elle est souvent plus à plaindre que le patient lui-même, car ils ont les souvenirs de leur vie passée avec eux, hélas, plus leur proche.

Les journées sont épuisantes mais très enrichissantes. Cela m'apprend vraiment à déceler, avec l'aide des médecins, les signes aggravants de cette pathologie des plus perfides.

Alors, quand je rentre à la maison, après avoir récupéré mes deux filles, j'aime voir arriver l'heure de la détente. Comme chaque soir vers 21 heures, après avoir mangé et couché mes deux princesses, j'allume l'ordinateur dans mon salon.

Depuis que j'ai rencontré mon chéri Seb, il y a quelques semaines maintenant, nous aimons nous écrire sur Messenger chaque soir. Seb n'est pas un grand parleur, il aime écrire les choses, plus que de les dire. Et il les écrit souvent poétiquement, ce qui touche mon cœur. Alors, afin de se découvrir un peu plus, nous avons pris cette petite habitude. S'écrire…

Nous nous sommes vus quelques fois. Cependant, la distance kilométrique entre nous, ne nous permet pas de nous voir tous les jours. Il vit à une centaine de kilomètres, et avec nos horaires respectifs, cela n'a vraiment rien de simple pour se voir. De plus, nous allons doucement, je suis une maman seule avec ses deux filles, je souhaite donc que les choses avancent tranquillement et ainsi préserver l'équilibre de mes enfants.

Durant ces longues semaines de découverte, Seb m'a évoqué plusieurs fois la perte de son papa. Il est décédé, il y a quelques années, Sébastien ne se remet pas de cette perte fracassante. Il « survit ».

Je ne peux pas comprendre ses émotions, car la vie m'a préservée de la perte du mien, mais je ne peux que l'accompagner dans l'avancée de son deuil.

J'aime quand il prend le temps de m'écrire sur son papa, je sais que cela le libère et de mon côté, cela me permet vraiment de trouver les bons mots pour le soulager. Même si parfois, le silence vaut mieux que de longs discours.

Quand enfin ma connexion sur Messenger s'établit, je respire mieux.
Un message de lui, des plus doux, m'attend déjà sur la messagerie. Ses mots font du bien, car il a toujours des intentions délicates me concernant.

- Mon ange, j'espère que ta journée a été bonne, que tu n'es pas fatiguée ce soir. Prends le temps de t'occuper de tes filles, et de toi. Je ne suis pas loin, si tu as envie de parler. Je t'embrasse.

Il est tellement gentil. Vous savez, un vrai gentil. Une âme pure. Un ange qui est arrivé comme ça, sans prévenir, et qui fait du bien à mon cœur.

C'est donc contente, que je m'installe confortable, avec ma tasse de café pour lui répondre.

- Bonsoir Monsieur, je suis fatiguée, j'ai une vie de dingue ! Ils m'ont épuisée, ces patients ! Comment tu vas toi ? Par rapport à hier soir, comment te sens-tu ?

Je sais à quoi je fais allusion, à son père. Il s'est confié lors de notre échange hier via Messenger, sur la douleur qu'il ressentait face à cette perte tragique. J'ai tenté de l'apaiser. Et je sais très bien que c'était un coup d'épée dans l'eau.

Les trois petites bulles en bas de l'écran s'activent, ce qui m'indique qu'il me répond.

- Je suis désolé que cela te fatigue, mais tu es une bonne soignante, j'en suis sûr. Bravo pour ce que tu fais avec eux. Ils ont de la chance de t'avoir, en plus ils t'ont toute la journée, t'imagines la chance ?

Par rapport à hier, et bien disons que cela m'a tranquillisé un peu. Bien que, tu commences à me connaitre… l'angoisse revient vite.

- Merci pour tes mots, même si je ne suis pas certaine d'être un cadeau pour eux parfois. Oh l'angoisse ? De quoi, dis-moi ?

- Si, ils ont de la chance d'avoir ton parfum dans leurs narines chaque jour, je prie pour être un de tes patients, tu sais ?

L'angoisse de la mort. Depuis le départ de mon père, j'ai développé des sales trucs dans mes peurs. La peur de la maladie, de la mort, du deuil, de la perte… Tu vois l'idée ?

- Je crois. Même si je n'en suis pas certaine. Tu sais que je peux t'aider face au deuil ? Tu le sais, n'est-ce pas ?

- Oui, je le sais mon ange. Ça peut être utile d'aimer une sorcière !

- Une sorcière, donc ? On est passé de « ange » à « sorcière ».

- Je te taquine et tu le sais. Je sais que la médiumnité pourrait m'aider, et que de pouvoir lui parler grâce à toi aussi. C'est vrai. Sinon pour information, les femmes qui voyaient des morts il y a longtemps, on les appelait des sorcières, mon ange.

- Oui, c'était il y a des siècles ! Les choses ont évolué depuis !

- Je peux te poser une question, mon ange ? me demande Seb.

- Bien sûr !

- Tu as déjà vu mon papa ?

- Oui, la première fois où je t'ai vu. Il était avec toi.

- J'ai des frissons partout de lire ça, mon ange ! Et il me parlait ?

- Il te parle tous les jours, il t'accompagne et aimerait que tu t'apaises.

- Comment tu sais qu'il aimerait ça, mon ange ?

- Parce qu'il vient de me le dire.

Cette fois, les trois bulles en bas de l'écran ne sautillent pas. Je sais qu'il a vu mon message, et peut être que cette vérité est trop brutale pour lui. Cependant, je ne peux pas lui mentir délibérément.

Il mérite de savoir que son papa est près de lui et qu'il aimerait réellement que son fils accepte son départ. C'est aussi ma vision de vie. Celle d'aider ceux qui m'entourent quand je peux le faire. Et particulièrement ceux que j'aime.

Son père est à côté de moi, et Seb doit le savoir.

- T'es tombé de ta chaise ??? finis-je par écrire.
- Oui !
- Oh alors relève-toi, ça doit pas être super pratique d'écrire les fesses au sol ? Si ?
- Je confirme. Plus sérieusement, c'est bizarre de savoir qu'il est avec toi en ce moment …
- Bizarre comment ?
- Bizarre… bien. Il te dit des choses en ce moment ?
- Qu'il t'aime et qu'il est fier de toi.

Je lui écris cela parce que j'entends son papa me le souffler à l'oreille. Je sais bien que ce n'est pas anodin d'écrire ce genre de mots à quelqu'un. Mais ce sont les mots tellement sincères de son père, que je ne peux pas m'empêcher de lui passer ce message.

- Il me manque tellement… finit par m'envoyer Seb.
- J'en suis certaine.

Je n'ai aucun doute sur le manque qu'il peut avoir de son papa, c'était son dieu, son repère. La perte de celui-ci a dû créer, comme pour beaucoup d'entre nous, un vide immense. Je sais aussi que son départ a été violent pour ses yeux d'enfant. Et je n'ai que mes oreilles pour l'écouter m'expliquer ce traumatisme en lui. Je n'ai pas le pouvoir de l'aider à enlever ces images terrifiantes du décès de son papa. Le petit garçon en lui est bouleversé. Je ne peux en rien changer cela. Mais peut être l'apaiser en l'écoutant.

Le père de Seb est une âme assez imposante à mes côtés. Il lit chaque mot que son fils écrit sur l'écran, même si je sais très bien, qu'il ressent déjà tous les sentiments de son gamin à distance.

Quand je découvert l'ange de son papa le jour où Seb était derrière ma porte avec un bouquet de fleurs, j'ai constaté tout de suite que leurs âmes étaient liées. J'ai pris le temps avant d'échanger avec mon chéri sur les dons qui sont en moi. Peut-être la peur du jugement encore. Mais très vite, je n'ai pas pu faire autrement. Son papa me poussait à lui dire. Seb a accueilli cette annonce, sans jugement sur ma différence. Il a respecté mes mots, les assimilant doucement. Nous avons souvent ri de certaines situations cocasses avec les anges. Il m'a rapidement dit qu'il était tombé fou amoureux d'une sorcière. Ces mots me font encore rire.

L'ange de son père derrière moi, me pousse à sortir de la rêverie dans laquelle je suis plongée. Il pose sa main sur mon épaule et me demande :

- Penses-tu que je puisse lui parler, Audrey ?
- Euh, oui, enfin je veux dire, dites-moi ce que vous souhaitez lui transmettre et je lui écrirai bien-sûr.
- Non, je voulais dire, est-ce que je peux lui parler ?
- Alors c'est à dire que vous êtes mort, donc cela me semble difficile, lui dis-je en souriant.
- Humm, je sais. Je veux te demander, puis-je utiliser ton corps ?

Alors là, mon sourire s'évanouit. Je ne comprends d'abord pas sa demande, elle est tout à fait improbable. C'est la première fois qu'un ange me demande de lui prêter mon corps. Et puis même si je le voulais, je ne sais pas du tout comment faire ça. Ni même si cela est dangereux. Alors je reste à le regarder, les yeux ronds, ne sachant quoi répondre.

- Ton corps ? Pour lui parler ! Je pourrais ainsi écrire à mon fils au travers cet outil, me dit le papa de Sébastien, en montrant le clavier d'ordinateur.

Alors si lui semble serein, moi pas du tout.

- Donc vous voulez écrire un mail à votre fils, c'est bien ça ? Sérieusement ? Non mais j'aurai tout vu avec vous, les anges !
- Non ! Je souhaite échanger avec lui ce soir et puisqu'il est à distance de toi, c'est la seule alternative que j'ai trouvée !
- La seule alternative donc ? Je suis la seule alternative ? »
- Oui ! râle son papa à mes côtés.

Seb finit par s'impatienter de mon absence et m'écrit :

- Tout va bien ? Cette fois, c'est toi qui es tombée de ta chaise ?
- Oui, on peut dire ça comme ça. Ça va, tu savais que ton père était un râleur né ?
- Oui, j'en ai ce souvenir aussi ! Mais pourquoi tu parles de ça ?
- Il est à mes côtés, et vient de me demander de se servir de mon corps pour te parler, via le clavier ! Mais tout ça en grondant s'il vous plait !
- Quoi ???
- Laisse tomber, mon ange…

Je ne sais même pas pourquoi je viens de lui dire ça. Ça va l'angoisser pour rien. Voilà que je me sens ridicule d'avoir partagé ça avec lui. Il va me prendre pour une folle.

Son papa se met à rire, tout comme ma grand-mère, installée confortablement sur mon canapé, qui ne se soucie pas le moins du monde de ce que je suis en train de vivre.

Mon cœur se serre de ne pas pouvoir lui permettre d'échanger avec son fils. C'est plus fort que moi. Son papa est là, et c'est peut-être le moment idéal pour lui de pouvoir communiquer.

J'appréhende sans peur, cette nouvelle expérience. Je ne sais vraiment pas à quoi m'attendre.

- Allez-y ! dis-je à son père en m'installant correctement sur mon siège.
- Comment ça ? Tu souhaites que je parte ?
- Non, allez-y. Utilisez mon corps. Ne me faites pas de mal, c'est tout. Je ne sais pas à quoi m'attendre, je n'ai jamais fait ça. Donc s'il vous plait, allez-y tranquillement. Enfin, prenez soin de moi, quoi ! » lui répondis-je en soupirant.
- Pourquoi ferais-tu cela ?
- Par amour Monsieur, par amour ! J'aime votre fils, et si je peux lui permettre d'être en contact avec son papa, malgré la méthode peu commune, je le ferai. Alors allez-y !
- Je sais que tu l'aimes, je le sens en toi. Tes vibrations, ton énergie. Et tu lui apportes beaucoup. Vous ferez de belles choses ensemble.
- J'en suis sûre. Monsieur, s'il vous plait, allez-y avant que je change d'avis.

C'est ce moment précis où je le vois s'approcher de moi doucement. Délicatement. J'aperçois son sourire satisfait. Et je le suis aussi. Juste avant de fermer les yeux, je regarde l'écran.

236

- Ça va, mon ange ? Tu me fais flipper là ? s'inquiète Seb.

Mince, s'il a peur maintenant, comment ira-t-il tout à l'heure ?

Mes yeux se ferment. Le noir. Le vide. Rien.

Mes yeux s'ouvrent, je peine à comprendre ce qui vient de se passer. Je me sens engourdie, presque anesthésiée. J'ai l'impression d'avoir dormi, et malgré cela, je ressens une fatigue rare. Pulvérisante. Ma tête tourne, je suis comme dans un brouillard. *La réalité, accroche-toi à la réalité Audrey !*

C'est fou ce besoin d'ancrage violent qui m'envahit. Je cherche une réalité qui est devant mes yeux, mais j'ai l'impression de devoir lutter pour la retrouver. C'est un sentiment tellement particulier. La sensation d'avoir dormi des heures, en l'espace de quelques secondes. Ou au contraire, d'avoir dormi quelques secondes pendant de longues heures. Farouchement étrange !

L'ange du papa de Sébastien à mes côtés me regarde comme s'il avait croisé un fantôme. Sérieusement ?

Tout prend sens d'un coup.

Oh ! mon dieu, je viens de vivre un truc incroyable là ? Enfin, je crois. Attendez, je suis vivante ?

Au moment où mes yeux se posent sur l'écran de mon ordinateur, celui-ci s'éteint. Je ne comprends pas pourquoi l'écran est noir. Puis dans les secondes qui suivent, l'écran se rallume, pour me replacer face à la discussion avec Seb.
Ok, j'ai dû louper une étape, je crois.
Seb ! Oh ! mon dieu Seb ?

Je me rue sur le clavier pour lui écrire un message, mais mon ordinateur émet un son, m'indiquant qu'il m'a devancée.

- Mon ange, réponds-moi s'il te plait ? Ça va ? Répppoonnnndddds.

Pourquoi il me dit ça ?

Je m'empresse cependant de lui écrire.

- Oui, je vais bien, enfin je crois. Je comprends pas. Mon Pc vient de s'arrêter, mon écran était noir, et il s'est rallumé. J'ai l'impression aussi de m'être endormie. Il s'est passé un truc que j'aurai loupé ?
- Remonte notre conversation, s'il te plait !
- Pourquoi ? Je comprends pas, tu veux que je remonte quoi ?
- Juste au-dessus du message où je t'ai demandé de répondre. Tu vois ?
- Oui je vois, tu m'as dit que tu flippais, mais je vais bien, je t'assure !
- Ok, donc tu n'as pas la même chose sur ton écran que moi. Ma puce, c'était fou, je viens de parler avec mon père ! Je viens d'avoir une conversation avec mon père. Enfin je veux dire, il m'a parlé, c'était ses mots, nos souvenirs !
- Tu m'as dit que mon père voulait prendre ton corps pour me parler, et je ne te cache pas que ça m'a fait flippé sur le moment. Et puis, tu ne répondais pas. Et j'ai reçu un texte de mon père. Attends, je t'envoie une capture de mon écran que tu vois ça, mon ange.

Je ne comprends rien à ce qu'il est en train de me dire. Je suis dans une bulle, j'ai l'impression de sortir d'une sieste. Son père… L'écriture… Un texte qui ne s'affiche pas à mon écran… Des souvenirs…

Son père à mes côtés, pose de nouveau sa main sur mon épaule. Je le regarde, dubitative. Je lui demande :

- Il vient de se passer quoi, là ?
- Je viens de parler à mon fils, par ton intermédiaire. Je voudrais te remercier pour ce que tu viens de faire. J'ai pu lui dire ce que j'avais besoin de partager avec lui. Je pense que cela l'aidera à avancer dans sa vie. Je ne le quitte pas, je reste près de lui et je reviendrai. Merci Audrey, me répond son père en se dirigeant vers l'embrasure de la porte du salon.
- Oh… avant que vous ne partiez, j'ai dormi combien de temps ?
- Tu n'as pas dormi, tu étais juste ailleurs et tu sais que le temps de notre côté n'existe pas.
- Comment ça, ailleurs ?
- Ça, c'est un secret. Merci Audrey, dit son papa en partant.

Je tourne le regard cette fois vers l'heure en bas de l'écran. 00h12. *C'est quoi ce délire ? Où j'étais pendant tout ce temps ?*

Un bip retentit. Je suis abasourdie. C'est Seb qui m'écrit:

- Non, mais c'est fou, mon écran vient de s'éteindre, et la conversation avec mon père a disparu !!!!

Les trois petites bulles en bas de la conversation sautillent. Je regarde autour de moi cherchant une réponse à ce qui vient de se passer.

- Je t'appelle tout de suite, mon ange, me dit Seb.

La sonnerie de mon téléphone retentit, je mets un temps fou à décrocher, toujours scotchée par ce que je viens de vivre, ou plutôt de ne pas vivre. Car si mon chéri vient de vivre un moment hors du temps, le mien a disparu lors de son échange. *Où se trouve-t-il ce temps ?*

Je finis par saisir mon téléphone et glisse le curseur de mon écran pour prendre l'appel.

- Oui ?
- Mon ange ? Comment tu vas, je suis tellement inquiet, je ne sais pas ce qui s'est passé ? Ça va toi ?
- Oui, je crois que ça va…
- Ma puce, je viens de parler avec mon père, enfin tu sais, il m'a écrit. C'était lui bordel ! dit Seb avec joie. Mais ça va, t'es sûre ?
- Oh, en fait je sais pas trop ce qui s'est passé, je te disais que ton papa voulait utiliser mon corps pour te parler, et je lui ai dit ok, et après plus rien.
- Comment ça, plus rien ?
- Ben, c'est étrange, mais j'ai l'impression d'avoir fait une sieste. J'ai ouvert mes yeux et l'écran s'est éteint…

Il me coupe.

- Une sieste ? Une grande sieste, mon ange. J'ai parlé avec mon père plus de deux heures !

Alors là ! si je n'étais pas assise, je tomberais sur mes fesses. Je viens de prendre conscience du temps. Plus de deux heures.

Mais j'étais où pendant deux heures ? La question tourne dans ma tête. Ma grand-mère s'agite et vient vers moi comme pour s'apprêter à répondre à mes questions. Je lui fais signe de la main, pour lui dire qu'on verra ça plus tard. Ce qu'elle accepte d'un mouvement de tête.

- Deux heures ? Seb, je te jure que j'ai pas eu la sensation de partir deux heures.
- Tu as vu l'heure ? Si, si, deux heures. Tu te sens comment ?
- Bien, je me sens bien. Fatiguée je crois, mais bien !
- Merci ! dit-il en marquant ensuite un silence. Je ne sais pas comment te dire ça, mais tu viens de réparer un truc en moi. Tu viens de me permettre de parler avec lui. Nous avons échangé sur nos souvenirs sur la plage en Normandie. Des châteaux de sable. De mon ciré jaune et de la couleur de mes bottes. Non mais tu te rends compte mon ange, je viens de parler à mon père ! Il m'a même parlé de sa mort, et du coup je comprends mieux certaines choses. M'enfin, c'est fou ce truc !
- Je suis contente pour vous. Je n'ai rien fait. Juste prêté à ton papa ce qu'il avait besoin à ce moment-là pour parler avec toi. Et tu n'imagines pas le plaisir que cela me fait de savoir que certaines choses ont pris place dans ta tête, grâce à lui. Si tu as eu des réponses à tes interrogations, alors c'est parfait. Tant que tu es soulagé. C'est mon essentiel. Par contre, je comprends pas, je n'ai aucune trace de cette conversation.
- Moi non plus ! Tout s'est effacé ! J'ai plus rien ! dit Seb avec une voix plus forte. Impossible de faire une capture d'écran. Et tout comme toi, a priori, l'écran est devenu noir, et plus rien.
- Alors, c'est que c'est mieux comme ça. C'est sûrement ce que ton papa voulait. Juste te dire ce qu'il avait envie et besoin, puis de repartir sans une trace de cela. Il m'a quittée il y a quelques minutes, mais m'a dit qu'il reviendrait, lui dis-je en souriant même s'il ne peut pas me voir.

- Oh… souffle mon chéri. Alors ça veut dire qu'il ne m'a pas quitté définitivement ?
- Ça veut dire ça, oui !

Et puis, je lui réponds en regardant mémère Marie-Lucie à mes côtés :

- Tu sais, nos anges ne nous quittent jamais définitivement.

Notre échange dure encore quelques longues minutes. Il m'explique ce qu'il a ressenti, je suis fière et heureuse de savoir que cela l'a réellement apaisé. Je ne m'attendais pas du tout à cette fin de soirée. J'espère revoir son papa bientôt pour qu'il m'apporte des réponses. Bien que l'essentiel soit que Sébastien ait eu les siennes. Si j'ai permis cela, tant mieux.

Quand nous raccrochons, en nous souhaitant une bonne nuit, je vais me détendre sous une douche brûlante. Ma grand-mère, de l'autre côté du rideau de douche, me dit :

- C'était beau, non ?
- Hmmm, oui c'était beau. Et je suis contente pour Seb.
- Je le sais.
- Dis-moi, Mémère, j'ai une question, j'étais où pendant tout ce temps ? Hein ?

Elle met un temps incroyable à me répondre.

- Avec moi ma petite, avec moi. Je te protègerai toujours.
- J'en suis convaincue.

UNE JOURNEE ORDINAIRE

Comme à chaque réveil, j'ouvre les yeux avant que mon alarme ne sonne. Je saisis mon téléphone pour la désactiver. Je sors d'une douce rêverie que je viens subitement d'oublier. C'était agréable pourtant, enfin je crois. Je m'allonge sur le dos, et essaie de m'étirer le corps. Cela semble impossible puisque la douleur me cueille, me déclenchant une crampe douloureuse. Je grimace, je déteste ça.
J'ai l'impression d'être vieille d'un million d'années, à ne même pas pouvoir me pandiculer.

Ouvrant les yeux une seconde fois, ils se posent au pied de mon lit où se trouvent, Marie-Lucie, Julie la sœur de mon mari, Éric mon frère, et un ange que je ne connais pas. Rien que ça.

- Elle est réveillée ! dit Julie, sautant de joie.

J'ai l'impression d'être sortie d'un coma de dix-huit mois à la voir s'agiter comme ça. Elle semble toujours aussi contente de savoir que je suis en éveil et prête à échanger avec eux.

Cette femme est magnifique, elle me fait vraiment penser à son frère. Elle a le regard aussi intense que lui. Son sourire me fait craquer à chaque fois, ce qui m'empêche de lui tenir tête quand elle souhaite quelque chose.
Elle a rejoint la famille-anges près de moi depuis quelques mois. Bien que l'espace-temps pour eux, n'a aucune importance, j'ai

noté tout de même qu'elle n'était pas là quand j'ai rencontré Jérôme, son frère. Elle est arrivée un soir, sans prévenir dans mon salon. J'étais ravie de la découvrir et de dire à mon homme qu'il avait une sœur de l'autre côté.

Ma douce belle-mère m'a en effet confirmé qu'elle avait perdu un bébé il y a de longues années. Depuis ce jour, Julie est à nos côtés très souvent.
Elle suit son frère la plupart du temps et aime beaucoup passer du temps avec lui. Particulièrement quand il s'isole pour faire de la musique, de la basse. Elle est fière de ses progrès.

Julie est un ange que je qualifie de tonique. Il y a des anges plus réservés, elle n'a aucune retenue. La meilleure amie-ange que l'on puisse avoir. Elle aime partager avec moi les émotions de son frère. Toujours en veillant à ne pas tout me dévoiler.

- Bonjour mes anges, bonjour ange que je ne connais pas, dis-je aux âmes pures devant moi.

Ils me saluent tous d'un signe de tête et retournent à leur conversation dont je ne me préoccupe pas.

Je fais une halte aux toilettes, et descend les escaliers pour rejoindre la grande salle qui dessert la cuisine, le salon et salle à manger. Je caresse mes chats, qui viennent me dire bonjour en émettant des sons assez aigus, tout en ronronnant. J'aime les nourrir avant de déjeuner. Alors c'est naturellement que je leur sers leur pâtée du matin, avant de me faire couler mon café.

- Bien dormi ? me dit Bibou mon chat noir angora en levant la tête de son assiette.

- Oui mon Bibou, et toi ? Reposé ? lui répondis-je.
- Oui, même si Cali a été chiante cette nuit, elle râle tout le temps, me dit mon chat en regardant la fameuse Cali en question.

Cali est une chatte adorable elle aussi. Elle est joliment tigrée, a des yeux bleus intenses. Elle a cependant un vrai problème d'affection, parce qu'elle en manque. Alors, pas de nous, ses maîtres, mais depuis que sa maman est décédée en lui donnant vie, elle a toujours l'impression d'être seule. Alors elle miaule souvent pour nous dire qu'elle est là, et demande à ce que nous ne l'oublions pas.

Je souris à mon chat qui retourne à sa nourriture, tout comme Cali à ses côtés, qui ne relève pas ce que Bibou vient de dire. Cela m'évite une embrouille de chats de bon matin. Quand mon café est enfin prêt, je pose de suite mes lèvres sur la tasse pour en prendre une gorgée. Le bonheur. Instantanément, j'ai l'impression de prendre vie. C'est un élixir dont je raffole. Bien trop pour conserver une bonne santé hélas.

J'entends le son de la voix des anges descendre de l'étage, le calme aura été de courte durée. Je me poste à ma fenêtre après avoir avalé un biscuit et allume une cigarette. Là aussi, c'est le bonheur de sentir cette nicotine m'attaquer la gorge. J'ai conscience que le tabac n'est, lui aussi, nocif pour avoir une vie saine, mais je suis bien trop accro pour m'en défaire. J'expire la fumée vers l'extérieur quand je sens le regard noir de ma belle-sœur Julie.

- Tu comptes arrêter un jour ?
- Sûrement, mais je ne me sens pas prête encore, lui répondis-je.
- C'est quand même pas top pour ta santé fragile, tu le sais, me dit Marie-Lucie en entrant dans ma cuisine.

- Oui Mémère, tu as fumé combien de temps, rappelle-moi déjà ?

Voilà qui a pour but de la faire taire et cela fonctionne plutôt bien. Je vois Éric lever les yeux au ciel ce qui me fait sourire.

Quand je jette mon mégot par la fenêtre, je regarde mes acolytes et leur dis afin que tout le monde entende bien :

- Je vais aux toilettes et je vous in-ter-dit de rentrer dans les wc. C'est entendu ?
- Oui, on le sait, me répondent-ils en chœur.

Une fois ma toilette faite, je prends le temps de mettre du maquillage à mes yeux, pour toujours me sentir jolie, et rester une femme, même si mon travail en tant qu'hypnothérapeute se fait de la maison. Être femme, désirable et désirée me semble essentiel dans ma construction. J'ai notion que les laisser-aller a du bon mais pas dans tout. J'aime quand mon homme rentre du travail et me dit avec ses yeux qu'il me trouve jolie. Cela vaut bien de longues minutes devant mon miroir, à choisir les meilleures teintes pour agrandir mes yeux verts.

- Le mauve va bien avec tes yeux, Audrey, me dit Julie.
- Merci beaucoup, tu verrais pas du plus sombre sur le coin de mes paupières extérieures ? lui répondis-je en analysant mon regard dans le reflet.

Elle s'approche pour mieux me voir, et son énergie m'englobe. Si je devais lui donner un parfum à ma jolie belle-sœur, ce serait avec une touche sucrée. Je pourrais l'imaginer avec un parfum fleuri, doux. Comme son visage, tout doux.

- Oui, fonce-les, tu as raison ! Ça va être super beau. Au fait, tu sais où est mon frère ?
- T'es sérieuse là ? C'est toi l'ange qui sait tout, pas moi, lui dis-je en mettant du noir sur le bout de mon pinceau pour l'appliquer sur mes yeux.
- Non, mais c'est pas une vraie question ! dit Julie avec son rire identifiable entre mille. Je sais où il est, mais toi, veux-tu savoir où il est ? me demande Julie avec plus de sérieux.

Oh ça, c'est étrange, mon amoureux est au travail en ce mardi et ce qui m'arrangerait c'est qu'il soit au TRAVAIL. La panique gagne mon cœur. Plusieurs questions me viennent en tête. J'espère simplement que sa sœur ne souhaite pas me faire passer un message qui ne va pas me plaire.
Avant que je lui dise quoi que ce soit, et parce qu'elle doit sentir que je stresse suite à ces mots, elle me dit de but en blanc :

- Au café, il est au café, en terrasse.
- Quoi ? Comment ça ? Non, il ne va jamais dans les cafés, il n'aime pas les gens, et aujourd'hui il travaille. Donc, Julie, excuse-moi de te contredire mais je ne crois pas qu'il soit dans un café
- Si, il est en terrasse. Et il n'est pas seul. Elle me dit ça avec beaucoup de légèreté.

Mon cœur descend dans mes pieds. Mon geste est arrêté à quelques centimètres de ma palette de maquillage. J'attends désespérément qu'elle m'en dise plus, puis je l'observe au travers du miroir. Elle hausse ses sourcils très rapidement, comme si elle se réjouissait à l'idée de me torturer.

- Tu vas finir par me dire avec qui il est ? lui dis-je vivement.
- Non, puisque tu dis que Monsieur est au travail ! me répond Julie en se foutant de moi.

- C'est bon, c'est bon, je te crois. Dis-moi tout, Julie, s'il te plait.
- Oh, pas de panique, il est au café avec son collègue. Ils attendent pour dépanner une machine ; ils avaient quelques minutes à tuer. Je ne comprendrai décidément jamais votre espace-temps. Du temps à tuer, c'est quoi cette expression d'ailleurs ? Hein ?

Je respire à nouveau, je sens mon air circuler de nouveau en moi. J'ai eu si peur qu'elle m'annonce des horreurs. J'imaginais déjà mon mari au bar avec une jolie blonde pulpeuse, avec un corps de rêve, qui lui dirait les mots dont il a besoin pour…

- Trop loin, Audrey, tu vas trop loin dans ta tête ! dit Julie dans un éclat de rire. Mon frère n'est pas ce genre de mec, voyons !

Et je sais qu'elle a raison. Mais il y a quelques secondes, elle avait l'air si convaincante que j'ai cru me figer sur place, à l'idée d'apprendre une trahison.

- Bordel, Julie tu m'as fait peur !

Elle pose sa main sur mon épaule, me sourit et me dit :

- Je sais, n'empêche, tu l'aimes fort mon frangin !

Oui, bien entendu que je l'aime fort. Elle le sait puisque comme n'importe quel ange, elle lit en moi.

Je continue de me maquiller, alors que je l'entends chantonner sur la chanson qui passe sur mon Spotify. Sa danse à côté de moi me fait rire. Elle m'invite à me lever pour aller danser, ce que je fais en montant le son de mon enceinte. Je me défoule avec elle, nous sautons partout dans la salle de bain comme deux folles qui se croient en boite de nuit. Aucune honte à avoir, je suis seule à la maison… Seule avec mes anges. Quand ma tête me semble acceptable après validation de mes amis angéliques, je croise mon grand-père Louis dans l'escalier qui m'informe qu'il passe me dire bonjour. J'aime ses visites impromptues, je ne le vois pas souvent car je crois comprendre qu'il a beaucoup de choses à faire en cette période et je n'ose pas m'attarder en lui posant des tonnes de questions. Je le remercie pour sa visite et le laisse m'embrasser sur le front avant de partir. Quand j'ouvre mon agenda pour vérifier mes rendez-vous du jour, je comprends que ma journée va être chargée.

Plusieurs consultations en hypnose sont prévues, mais une de mes patientes a demandé à me voir car elle sait que je suis médium et souhaitait parler à son papa lors d'un contact défunt, que j'appelle les « contacts anges ».
Cela me demande beaucoup d'énergie de cumuler plusieurs activités, et j'aime tellement prendre soin des humains, que je passe au-delà de mes propres ressources, en tentant de leur apporter un maximum. Je sais d'après mes anges, que ce n'est pas le mieux à faire, car je m'oublie, comme ils aiment à dire. Et c'est sûrement très juste.
On ne change pas une racine en nous, n'est-ce pas ?

Alors je pars vers mon cabinet. Par chance, il se situe juste à l'arrière de ma maison, sur la terrasse. Nous avons, mon homme et moi, aménagé un endroit cocooning pour mon activité. C'est mon antre, mon endroit où je peux me couper de ma famille pour aider les personnes à aller mieux. Je ne vais pas seule dans mon cabinet, vous vous doutez, puisque je suis toujours entourée de mes gardiens.

Quand mon premier rendez-vous arrive, je fais entrer mon patient, qui lui aussi, ne vient pas seul. Même s'il n'en a pas conscience, son père, son grand-père côté maternel et sa grand-mère côté paternel sont avec lui. Je salue mon client et l'invite à s'installer face à mon bureau. Les anges eux aussi, se saluent et entrent dans se poser de questions.

Le bruit est habituel, mais pas moins déstabilisant. Je tente toutefois de concentrer mon attention vers Monsieur Antoine pour lui demander de ses nouvelles. Quand je constate à ses dires, qu'il va mieux depuis nos séances, je me sens satisfaite.

Nous travaillons ensemble pour lui permettre de continuer à lâcher prise dans sa vie grâce à une séance en hypnose Ericksonienne dont je suis diplômée. Cela l'apaise instantanément.
Quand enfin, il entre dans un état de conscience modifiée, je lui propose des suggestions pour lui permettre de faire son travail au mieux.

Les anges, eux, toujours dans mon bureau, parlent de la vie de Monsieur Antoine, sans filtres, pensant sûrement que je ne les entends pas. Quand je leur demande de baisser d'un ton dans ma tête, je vois le visage des grands-parents d'Antoine se tourner vers moi. Soudain, la grand-mère de celui-ci regarde la mienne et dit :

- Elle nous voit et nous entends ?
- Oui Marguerite, elle est divine ma petite fille.
- Oh ! Dit la grand-mère de mon patient. Je ne suis pas habituée à ce qu'on nous voit, c'est rare.
- C'est vrai que peu sont authentiques, cependant Audrey a toujours vécu comme ça, elle nous voit depuis toute petite ! s'écrie Marie-Lucie, ce qui fait pouffer de rire Éric.

250

- En revanche, vraiment je vous demande de quitter la pièce, vous faites trop de bruit et j'ai besoin de me concentrer Messieurs Dames, merci, dis-je aux anges présents dans la pièce.

Ils ne négocient pas, partant sur la terrasse discuter de leurs aventures. *Enfin le calme...*

Je sors à ma pause repas me restaurer à la maison. Là encore, cela ne me demande que quelques minutes pour rejoindre mon autre maison. Je tourne en rond une fois dans ma cuisine. Je cherche à me cuisiner quelque chose de rapide, mais ma grand-mère n'est pas de cet avis.

- Tu as des pommes-de-terres, fais des patates rôties, m'ordonne-t-elle.
- Non, je ne vais pas lancer ça maintenant, j'ai peu de temps avant ma prochaine consultation, donc je vais me faire... heu, des pâtes ! C'est bon les pâtes !
- Y'en a ras-le-bol de votre temps. Je ne comprendrai jamais. Ne pas avoir le temps. Vous n'avez que ça à la bouche, râle-t-elle.
- Mémère, je sais que vous ne comprenez pas cette notion. Mais je t'assure que je n'aurai pas le temps - j'appuie sur ce mot - de manger si je cuisine des pommes-de-terre maintenant. Ou alors je les mange crues, parce qu'elles n'auront jamais le temps de cuire.
- Encore ce foutu mot. Pff ! soupire-t-elle. Tu pourrais y mettre un peu d'oignons, d'ail et quelques branches de romarin, ce serait excellent.

Je la coupe en plongeant mon regard dans le sien :

- Non Mémère, non. Je vais me faire des pâtes, ça ira plus vite.

Avant que ma grand-mère ne réplique, mon jumeau lui dit :

- Laisse tomber, elle est têtue, ta petite fille !
- Oh oh oh ! je suis là si vous n'aviez pas remarqué, leur dis-je en les regardant à tour de rôle dans un silence absolu.

Mon frère me regarde et me répond :

- Ah oui, c'est vrai, j'ai tendance à oublier parfois.
Super...

J'ai enfin pu manger mes pâtes malgré les lamentations de Marie-Lucie, qui ne comprend toujours pas que le temps pour nous, vivants, est important. Il rythme notre vie quotidienne et je sais que cela la dépasse. Comme tous les anges que j'ai rencontrés jusqu'à ce jour.

Je mets mon assiette, couverts et ustensiles dans le lave-vaisselle et fait place nette sur la table. Je me prépare un café et vais fumer une cigarette devant la maison au calme. Enfin presque. Ma voisine, très bavarde passe dans la rue et ne peut s'empêcher de s'arrêter pour me raconter sa vie, dont je me fiche. Je ne la connais que très peu et de savoir le salaire faramineux de son futur mari ne m'intéresse absolument pas. Je suis polie, l'écoute, comme je sais le faire et lui demande de m'excuser. Mon rendez-vous pour une séance contact-ange ne devrait pas tarder. Alors je ferme la porte de mon habitation à clé et vais rejoindre mon cabinet.

Je m'installe à mon bureau, Julie s'assoit face à moi pendant que je fouille dans mes papiers. Elle m'observe sans dire un mot. Je suis concentrée sur les démarches administratives inhérentes à l'entreprise, en attendant mon client.

Je cherche depuis presque dix minutes, un document que j'étais sûre d'avoir posé sur ce bureau.

- Il est parterre Audrey, ce que tu cherches est parterre, le papier est tombé avec le courant d'air de la porte. Sous ton bureau, me dit Julie sans bouger.
Je ne discute même pas, car je sais qu'elle est dans le juste, alors je me penche pour ramasser mon document tant cherché.

- Merci Ju'.
- Je t'en prie, autant que je serve à quelque chose.

Elle est stupide de penser qu'elle ne sert qu'à ça. C'est un ange, elle aide au quotidien dans chacun des gestes que nous faisons.

Quand ma patiente frappe à la porte, je pose les documents de côté, et vais lui ouvrir.

Elle est grande et élancée. Ses longs cheveux sont ondulés, et elle a un maquillage parfait. Derrière elle, se trouve son ange gardien, Eddy dit Ed. Lui aussi, est grand. Il aurait pu être son frère tant ils se ressemblent. Aux côtés d'Ed, se trouve une petite fille qui dit s'appeler Lya.
L'enfant m'informe tout de suite qu'elle est la fille de ma cliente. J'invite ma patiente à entrer et à s'installer à mon bureau. Je prends le temps de lui expliquer le but de la séance, bien qu'elle en ait fait la demande, et me renseigne sur ses capacités mentales à vivre ce moment.
Il est important, sinon primordial, d'être prêt pour un contact avec nos anges. Ce n'est pas anodin et cela peut avoir des répercussions importantes d'entendre des messages criants de vérité.

Une fois son accord donné, je me coupe de ces pensées et me connecte à Lya, sa fille. La petite se place à mes côtés, et m'informe que sa maman est bien malheureuse depuis son départ. En effet, la maman porte en elle une culpabilité importante en lien avec le départ de sa fille, je la ressens. J'essaie de comprendre au travers des mots de l'ange ce qu'il s'est passé pour que la maman ait tant de douleur.

Je parle à Lya sans prononcer un mot.

- Ma puce, dis-moi ce que tu as vécu lors de ton passage sur notre terre ?
- J'ai vécu beaucoup de douleurs, j'avais une vie compliquée. Maman culpabilise beaucoup et je ne comprends pas ce sentiment.
- Dis m'en plus ! dis-je à l'ange près de moi.
- Maman n'est pour rien dans mon décès, elle pense que tout est de sa faute, je la vois pleurer, même si elle le cache à Papa. Et j'aime pas le sentiment qu'elle dégage quand elle semble triste. Il faut dire à maman que je vais bien, que je vais mieux. Et que je n'en veux pas à Papa non plus.

Je transmets bien entendu chaque mot de cette petite à sa maman. Je sens la consultante se fermer peu à peu. Je comprends que ce contact la touche et cela me conforte dans mon don de médiumnité.

La petite pose sa petite main sur le genou de sa mère et lui dit comme si elle pouvait l'entendre de pardonner à son mari. Ce qui m'interpelle.

Je demande à Lya, ce qu'elle entend par pardonner à son mari. En quoi cette femme devrait pardonner à son conjoint ?

L'ange, maintenant à côté de sa maman, me dit :

- Parce que Papa conduisait la voiture quand nous avons eu l'accident, c'est ce qui a causé ma mort. Maman ne lui pardonne pas.

J'explique à ma cliente ce que Lya vient de me dire, ce qui la bouleverse. Elle me regarde avec des yeux larmoyants, frotte les paumes de ses mains sur son pantalon.

- Comment savez-vous cela, Audrey ?
- Parce que votre fille vient de me le dire. Tout comme elle me parle actuellement de sa chambre, où vous n'avez rien changé, pas même les draps. Elle me dit qu'elle a bien avec elle, les photos que vous avez déposées sur son corps dans le cercueil. Elle m'explique que vous avez un rituel depuis son départ, qui est de mettre des bougies dans sa chambre, elle me montre une commode avec des poignées de tiroir avec des fleurs jaunes sur laquelle vous disposez justement ces bougies. Vous vous installez dans un fauteuil, le matin avant de partir au travail. Elle me dit que vous sortez toujours ce même album photo d'elle pour la regarder. Vous avez repris le travail il y a un mois et demi, et votre fille vous en félicite. Elle vous dit que vous avez beaucoup de courage. Elle est bien entendu très souvent près de vous, particulièrement le soir quand vous vous allongez sur le canapé. Vous y passez la nuit, car depuis la mort de Lya, vous refusez de dormir avec votre mari. Alors je rejoins votre fille quant au fait de lui pardonner. C'était un accident. Et je suis navrée que cela ait causé la perte de votre fille. Elle m'explique que votre mari est rongé par la culpabilité, lui aussi. Lya me dit que son papa vous cherche dans le lit, chaque nuit. Elle souhaite que vous échangiez avec lui

Je vois le visage de ma cliente se décomposer. Elle ne retient plus les larmes qui coulent sur ses joues. Je me sens soulagée, non pas de la voir prendre conscience de sa douleur, non, juste de soulager Lya. Peut-être que les messages que sa fille lui a transmis vont lui permettre de changer sa perception de vie. Peut-être qu'elle va pouvoir faire le chemin pour pardonner à son mari. Et si mon don a permis à cette petite d'être soulagée et à un couple de se souder, alors j'aime ce que je fais.

La femme face à moi, lève la tête et plonge son regard dans le mien.

- Vous venez de m'enlever un poids sur les épaules. Je suis sous le choc de ces révélations, je ne m'attendais pas à tant de vérité. En effet, nous traversons avec mon mari un tsunami. La perte de Lya nous a détruits. Je ne m'en remettrai jamais, jamais. J'en veux à Thomas, il a refusé une priorité en voiture et cela a tué notre fille, Audrey. On ne me la rendra pas, elle est partie. Je souffre tellement.
- Je suis navrée de ce que vous traversez, et je n'ai aucune conscience de ce que vous ressentez. Je suis en revanche certaine que votre mari doit s'en vouloir tous les jours. Au-delà du fait que vous lui en voulez, vous. Et chaque jour, il doit penser à ce qu'il a loupé. C'était un accident, un moment d'inattention, une erreur. Et je suis désolée pour vous deux. Pour votre famille. Lya est en paix, et vous demande à vous deux de l'être. Pensez-y s'il vous plait. Pour elle.

Après plus d'une heure de confidences, de tendresse échangée et de transmission des messages de Lya, ma cliente quitte le cabinet, le cœur et l'âme plus légers, avec l'intention douce de parler à son mari.
Je la regarde s'éloigner, Lya à ses côtés.

La petite se retourne vers moi et me dit :

- Merci Audrey.

Je lui fais un clin d'œil et me sens soulagée.

Une fois de retour au cabinet, j'essaie de canaliser ce qui vient de se passer et de me détacher de ce sentiment d'impuissance. Parfois la douleur des autres me renvoie à une forme d'impossibilité d'agir et à prendre les douleurs des personnes que je rencontre. J'aimerais pouvoir me retrouver avec une personne en douleur et lui enlever instantanément tous les sentiments qui lui font mal. Seulement bien entendu, cela n'est pas possible. Pour mon plus grand malheur.

Entre deux consultations, je finis de boucler les papiers qu'il me reste à remplir. Ma journée se termine avec le confort d'un mot doux échangé avec un patient qui m'informe avoir arrêté de fumer depuis plusieurs semaines maintenant, tout cela grâce à l'hypnose.
J'éteins les lumières du cabinet à 18 heures le cœur rempli d'apaisement. J'ai aidé plusieurs personnes à voir plus clair, pour d'autres à parler avec leurs anges. À entendre des vérités, qui changeront définitivement leur vision de la vie. Et pour toutes ces raisons, je traverse ma cour pour rentrer à la maison, satisfaite.

De retour à la maison, mon amoureux est dans la cuisine, occupé à préparer le repas. Je me fais discrète et viens me coller dans son dos alors qu'il est accoudé au plan de travail à regarder des vidéos de musique.
Ce qu'il ne voit pas, c'est que sa sœur danse à ses côtés. Comme une folle. Ma grand-mère, elle, me dit dès mon entrée dans la pièce, qu'une douche me ferait du bien. Sûrement.

Seulement, je ne l'écoute pas et enlace mon amoureux, en collant mon visage entre ses omoplates. La connexion est instantanée.

- Hum, ça va mon ange ?
- Oui, et toi ? Ta journée ?
- C'était la merde, journée de dingue encore. Et la tienne ?
- Oh ! journée de dingue aussi, mais j'ai aidé pas mal de personnes, alors je suis contente.
- Je suis fier de toi, mon ange.

Il me touche dans mon cœur. Je sais qu'il est fier. Je sais aussi que cet homme a beaucoup de mal à dire ce qu'il ressent. Donc quand j'entends ces mots doux, ça me plait dans l'âme.

Quand nous passons à table, mon téléphone sonne à quelques mètres de moi. Je ne me lève pas pour savoir qui appelle, puisque mon jumeau m'en informe.

- C'est Louisa.

Je lève mes fesses de ma chaise, et soudain, j'ai comme une boule sur l'estomac. Avant que je puisse décrocher, Éric me dit :

- Prépare-toi, elle ne va pas fort.
Alors c'est sans grande surprise que je prends l'appel Visio, découvrant ma fille de l'autre côté de l'écran, en pleurs.

J'aime prendre le temps pour l'aider et l'apaiser. La difficulté pour moi c'est qu'elle vit à Londres, elle a fait le choix de partir là-bas pour une année, et de là où elle est, je ne peux pas l'aider comme je voudrais. Alors à ma façon, avec ce que j'ai comme outils, et avec ceux que je n'ai pas également, j'essaie de l'aider à voir plus clair. Pour qu'elle respire un peu mieux, le temps de notre appel.

Quand je raccroche, mon homme a déjà débarrassé les couverts, et a préparé notre café. Je l'en remercie et m'excuse aussi du temps que je viens de passer au téléphone. Mais il comprend et ne juge pas. Jamais. Il respecte simplement nos besoins, en tentant de m'aider toujours au mieux. Lorsque je décide enfin d'aller prendre ma douche, là aussi, je ne suis pas seule. J'entre dans la salle de bain, me déshabille et vois Isa, l'ange gardien de ma fille Louisa, entrer dans la pièce.

Décidément, un moment de calme et d'intimité ne sera pas pour tout de suite. Je m'inquiète de la voir ici, d'autant que ma fille n'est pas en forme. J'entre sous ma douche, tout en tournant mon visage vers Isa.

- Tu viens me dire qu'elle n'est pas en forme, c'est ça ?
- Oui, c'est peu de le dire. Elle a choisi une vie semée d'expériences difficiles, elle ne s'est pas épargnée, mais elle finira par gérer et se comprendre. Elle en bave c'est vrai, mais cela l'aidera. Je voulais te rassurer, je veille sur elle. Je sais que tu t'inquiètes pour tes filles. Et je sais aussi que tu lui fais confiance, et tu as raison. Tout comme avec Andréa, tes filles ont les armes pour se battre. Apaise-toi.
- Merci Isa, merci de veiller sur elle, merci de me donner ses informations et de prendre le temps de me rassurer. Tu es un ange.
- Oui, c'est le cas de le dire, me répond Isa tout sourire.

Elle quitte la salle de bain, de la même manière qu'elle y est entrée. Je pense pouvoir me savonner au calme, mais Marie-

Lucie entre à son tour et s'assoit près des lavabos. Elle ne dit rien, mais me regarde intensément.

J'essaie de faire abstraction et continue ma toilette dans le calme.

Une fois ma douche prise, je me sèche, me met dans un vêtement confortable et rejoins Jérôme, mon homme, au salon. Il est installé confortablement, le nez sur son téléphone. Je me rends compte que je n'ai pas pris de temps pour lui aujourd'hui. Je n'ai pas eu le temps d'en prendre pour moi. Alors c'est naturellement que je viens m'allonger près de lui, ma tête sur ses cuisses.

- Ça fait du bien, la douche ?

Je n'ose même pas lui dire que ce moment de calme n'en était pas un, je m'abstiens.

- Oui mon ange, ça fait du bien. Tu as regardé ce qu'on avait ce soir à la télé ?
- Il n'y a pas grand-chose, mais on peut reprendre la série « La casa de Papel » sur Netflix ?
- Belle idée ! Tu te souviens où on s'est arrêté la dernière fois ?

Je le vois réfléchir. Mon jumeau ne lui laisse pas le temps de répondre qu'il me dit :

- Oh oui, c'est quand Tokyo dessine une porte dans les WC de la banque avec Rio. Les deux amoureux fous. Mais bon t'attache pas trop au personnage de Tokyo, elle va mourir.
- Génial, tout simplement génial !

ÉPILOGUE

Vous l'aurez compris, ceci est une toute petite partie de mon histoire avec les Anges. Je ne peux malheureusement pas citer l'entièreté de mon vécu avec eux. J'ai pris soin de conter les moments les plus marquants de ma vie.

J'espère que cela vous aura plu et que vous y aurez trouvé quelques réponses dans mon histoire. Comme je l'ai indiqué en tout début, ce récit est le mien et n'engage que moi et mes croyances.

Certaines identités qui ont croisé mon chemin ont volontairement été changées par respect pour eux. Ceux pour qui l'identité exacte a été retranscrite, m'ont donné leur autorisation au préalable.

Ma vie en tant que médium est un cadeau. Je la chéris chaque jour. Je n'ai jamais demandé à être crue et je ne le cherche pas non plus en vous racontant les moments importants avec les êtres partis trop tôt, mais j'ai simplement voulu partager avec vous ce don unique et incroyable.

Au-delà de ce que je souhaite vous transmettre à travers mon récit, j'aimerais surtout vous apporter un vrai message d'espoir sur la mort. Parce que selon moi, nous sommes accompagnés quotidiennement de nos anges. Ils veillent sur nous, ce qui laisse penser que nous aussi, nous sommes amenés à veiller sur nos prochains.

Au travers la vie, au-delà de la mort. Il n'y a pas plus bel espoir, et réconfort que cela.
Soyez fiers de ce que vous êtes, du chemin que vous avez parcouru. Vous êtes tous des guerriers, parce que vous êtes

vivants, parce que vous êtes debout. Vos anges vous en félicitent. Et moi aussi.

Place aux remerciements :

Merci à toutes les personnes qui accorderont du temps à la lecture de mon histoire.

Merci à mes parents, de m'avoir donné une grande sœur, Alexandra. Elle est, sans aucun doute, l'âme la plus belle qui m'est été donné de rencontrer. Merci de m'avoir appris autant sur la vie et pour votre amour que je sais, infini.

Merci à vous, mes filles, Louisa et Andréa, pour votre amour sans faille, vos encouragements pour l'écriture de mon livre. Je vous remercie aussi pour vos illustrations (Andréa) et la couverture de ce récit (Louisa). Vous avez mis de la douceur à mes mots, parfois forts. Vous êtes le plus beau cadeau que la vie m'ait donné... Le plus beau don qu'il soit : être votre maman. Je vous aime.

Merci à toi mon amoureux Jérôme, (pour les intimes Madame Hirmou), d'être celui que tu es au quotidien avec moi, pour ton amour, ta protection et tout l'espoir que tu as en moi. Tu n'as jamais douté de qui je suis. Merci. Je t'aime.

Merci à nos cinq enfants, Louisa, Tobias, Andréa, Ornella, et Scarlette de créer ce dont j'ai le plus besoin, une famille.

Merci à toi Papa, d'être mon modèle, mon pilier, mon socle. Tu es un écrivain incroyable, un artiste fabuleux. Tu m'as donné depuis toute petite, ce goût du sens artistique. Tu es le meilleur de tous les papas du monde.

Merci à Nanou, ma belle-mère, pour tout le temps passé à corriger mon histoire et d'en avoir respecté l'authenticité. Ton aide a été précieuse.

Merci à ma famille, d'avoir créé des liens solides, un amour infaillible. Et par dessous tout, des valeurs qui me sont chères.

Merci à tous mes amis, plus particulièrement :

Marylin, toi mon amie de toujours. Dans mon cœur pour toujours.

Douce Tiphaine pour ton amitié douce à mon cœur, merci d'avoir passé toutes ses heures de correction à lire, relire. Tu as cru en moi dès le début de notre jolie histoire d'amour inexplicable.

Petite Chris, d'avoir autant donné, tant dans tes recherches, ton soutien lors des Lives TikTok, ton écoute, et tes conseils précieux. Tu es d'une patience incroyable et d'une gentillesse sans faille. Merci aussi d'avoir pris le temps de sortir toutes les questions posées lors des Lives pour me permettre d'en faire bon usage.

Vous êtes des merveilles les filles

Merci à vous, ma famille TikTok vous êtes incroyables, toujours avec beaucoup d'amour et de bienveillance. Je n'ai pas les mots pour vous dire MERCI. Je souhaite vous remercier également pour vos idées de titre au sujet de ce livre, qui est pour moi un bébé, mon bébé. - Vous êtes merveilleux -. Vous me permettez d'être moi-même dans ces moments de Live partagé avec vous.

Bien-sûr, Madame Hirmou se joint à moi, pour remercier votre soutien ainsi que vos doigts qui tapotent chaque soir sur vos écrans pour m'offrir ces jolis cœurs. Vous êtes incroyables !
Et n'oubliez pas, le plus important c'est vous.

Merci aux personnes qui ont bouleversé ma vie, peu importe le sens. Vous m'avez apporté l'apprentissage.

Bien entendu, que serait ce livre sans remercier les anges qui m'accompagnent au quotidien : Marie-Lucie (Mémère), Éric mon jumeau, Isa, Julie, Pierrette, Luc, Java, Poune, Gabriel, Julien... Il y en a tant.

Merci aussi à tous les anges, cités ou non, croisés au détour d'un chemin, que j'ai pu aider, et qui m'ont tant apporté.

Et bien sûr, je souhaite *me* remercier d'avoir réalisé mon rêve, et d'oser être qui je suis.

Je suis Audrey, et je suis médium.

QUESTIONS REPONSES

À la suite de multiples consultations au sujet des contacts avec nos anges, les consultants ont souvent les mêmes questions. Je voulais donc vous faire un point questions/réponses, afin de vous éclairer sur les interrogations les plus communes.

Mes consultations avec vos anges

Combien de temps dure une séance contact ange ?

L'espace-temps de l'autre côté n'existe pas. Vous, comme moi, ne détenons donc pas le temps d'une séance, vous l'aurez compris. C'est l'ange, lui-même qui va pouvoir déterminer cela, et dispenser ses messages. Une fois qu'il a fini, il s'en va. Donc, le temps d'une séance est très aléatoire. Nous pouvons connaître des séances de quinze minutes et parfois, certaines peuvent durer plus d'une heure et demie.

Comment est-ce que les anges communiquent avec toi ?

Les anges communiquent avec moi de la même manière que je communique avec vous. Ils me parlent. Simplement. La transcription, entre ce qu'ils me disent et ce que je vous transmets n'est en revanche pas toujours simple. C'est comme si on vous envoyait une pelote de laine emmêlée dans les mains, et que vous deviez la démêler instantanément. Cela n'est pas possible, voilà pourquoi l'information que l'ange me donne prend du temps à partager. Comme s'il y avait besoin d'un décodeur entre ce que l'on me dit et ce que je vous communique.

Comment voyez-vous les anges ?

Les anges qui m'abordent ont une apparence assez semblable à la nôtre. Je l'expliquais plus haut, mais la seule différence physique entre nous et eux est la suivante : ils n'ont pas de pieds. Ils ne flottent pas pour autant, non, nous ne sommes pas dans un film. Quoique, ma vie s'approche tout de même sacrément de « Ghost Whisperer »

Est-ce que, lors d'un contact défunt, vous transmettez au consultant toutes les informations que l'ange vous donne ?

Oui. De manière générale, les anges ont souvent des messages de bienveillance, de douceur et d'amour. Or, il est important de savoir qu'un ange a parfois des messages plus pertinents à vous donner. Il se peut que lors d'un contact, votre ange vous dise des choses peu agréables à entendre sur une situation particulière ou encore sur un sentiment. Mon travail est de pouvoir transmettre cela en prenant soin de vous. Donc les mots que certains anges emploient sont retransmis de façon plus douce, ou de façon détournée, mais toujours en gardant l'authenticité du message. Lors de certains contacts, l'ange transmettra uniquement de la douceur, de l'apaisement, de l'assurance ; dans ce cas, c'est qu'il capte que vous en avez besoin. Parfois, celui-ci peut me parler d'un souvenir commun, ou encore d'une situation que vous vivez actuellement. Je ne maîtrise pas cela. Je laisse faire. Ce que l'ange vous dit est un message dont vous avez besoin. Je ne vais pas chercher d'informations, on me les donne. Ou pas.

Lors d'une séance contact ange, est-ce qu'ils peuvent venir à plusieurs ?

Oui, cela arrive souvent qu'un contact se fasse avec l'ange que vous souhaitez mais que celui-ci ne vienne pas seul. Souvent, ils viennent avec d'autres anges qui vous sont liés. Quand cela se produit, je vous en informe évidemment et si vous avez un message à entendre, bien entendu, je vous le donne.

Est-il possible qu'un ange ne se manifeste jamais ?

Tout à fait, il y a des âmes qui partent, qui deviennent des anges, mais qui ne se manifesteront jamais auprès de vous. Soit parce qu'ils sont destinés à autre chose, soit parce qu'ils ne souhaitent pas interagir avec les âmes sur terre.

Lors d'une séance, puis-je communiquer avec mon animal décédé ?

Oui, de la même manière qu'avec un ange « humain ». Les messages sont souvent dans la bienveillance et le remerciement.

Peut-on avoir plusieurs contacts avec le même ange ?

Oui, sauf si l'ange ne pense pas ces contacts nécessaires, estimant que vous avez déjà toutes les réponses en vous. Le contact ange n'est pas un jeu, cela demande de l'énergie, tant pour cet ange que pour le médium qui sert de contact. C'est aussi pour cela que j'invite les personnes à préparer toutes leurs questions avant le contact, afin d'avoir un maximum de réponses lors du contact.

Quand un ange nous dit « Tu auras une jolie vie », peut-on y croire ?

Ce que vous transmet votre ange est véritable, donc ma réponse sera « Oui ». Votre ange vous donne ce qui est possible, ce qu'il voit, ce qu'il ressent. Mais n'oublions pas que l'ange ne détermine rien de vos choix et de ce que vous en faites. Vous êtes actionnaire de votre vie. Si votre ange vous dit que vous aurez une belle vie, c'est que vous avez tout pour que cela puisse l'être. Seulement, si à la suite d'un contact, vous vous dites que « de toute façon, j'aurai une belle vie », et que vous ne mettez rien en place pour cela, alors, bien évidemment que cela ne sera pas toujours le cas. Un ange vous donne la possibilité de, mais ne fera rien à votre place. Quand nous recevons ce genre de message, l'interprétation devrait être « bien, j'ai toute l'énergie nécessaire pour dépasser les obstacles que je dois vivre et je vais arriver à construire une jolie existence ». Vous êtes seuls décisionnaires de ce que vous faites de votre vie, même l'ange n'a aucune influence sur cela. Absolument aucune.

La perte d'un être cher, le moment du contact

Je viens de perdre un être cher, je suis douloureux, est ce que le contact ange me ferait du bien ?

La seule réponse à cela est en vous-même. Pour un contact avec l'un des êtres que vous avez perdu, il faut être prêt. Cela peut tout à fait vous apaiser. Mais cela peut vous dévaster.

Je m'explique : un contact avec eux est bouleversant, souvent criant de vérité. Il faut être PRÊT à entendre ce qu'il a à vous dire. Si vous vous sentez fragile face à cette perte, ce n'est sûrement pas le bon moment. Écoutez-vous !

Pour information, lors de la perte d'un être cher, nous entrons dans le deuil.

Le deuil a lui-même cinq phases : le Déni, la Colère, le Marchandage, la Dépression et l'Acceptation.

Le déni : On parle de stade de choc et d'incrédulité : « Il ne peut pas ne plus être, ce n'est pas possible ».

La colère : Ou encore la recherche d'un responsable : « Comment cela a pu arriver ? Pourquoi on n'a pas pu le sauver ? ».

Le marchandage : On va commencer à tenter de nier ou encore de minimiser la réalité : « Elle ou il va revenir, ça va aller ».

La dépression ou l'abattement : Prise de conscience que l'être disparu ne reviendra pas, et en avoir les sensations de la douleur. « Il ou elle est parti(e) et j'ai mal de le comprendre ».

L'acceptation : Cela conduit à la résolution du deuil : « Il ou elle est parti(e) et je ne le (la) reverrai plus, je l'accepte ».

Un accompagnement peut être nécessaire et apaisant lorsque vous perdez un être cher, n'hésitez pas à vous faire accompagner par un professionnel de santé.

Est-ce que l'on peut communiquer avec tous les êtres partis ?

Non, c'est important de le dire. Certaines âmes choisissent de quitter cette vie pour aller ailleurs, mais une fois dans cet endroit, ils peuvent décider de repartir dans une autre vie, parfois liée à la nôtre. Donc nous ne pouvons pas communiquer avec tous les êtres que nous avons perdus. Néanmoins, cela dépend des familles, des situations, c'est du cas par cas. Certaines personnes ont perdu leur grands-parents (pour exemple), ils vont consulter un médium pour échanger avec eux. Il se peut qu'un seul des grands-parents soit présent et que l'autre soit reparti dans une autre vie.

Est-ce qu'elles souffrent encore une fois que les personnes sont décédées ?

Non, les notions de souffrance ou de douleur n'existent plus pour les anges. Un être sur cette terre qui a souffert n'emporte pas ses douleurs. L'ange peut les évoquer lors d'une séance contact, en précisant que ce sont des douleurs antérieures à son décès, mais il ne souffre pas.

Mon grand-père est décédé, m'aime-t-il toujours ?

Oui, et même si parfois lors d'une séance, l'ange n'exprime pas clairement un sentiment par un « je t'aime ». Il peut tout à fait me faire parvenir ce que j'appelle des « doses d'amour » que je peux vous décrire en séance. Certains anges expriment clairement leurs sentiments, d'autres pas, mais il y a toujours de l'amour et de la bienveillance.

Est-ce qu'une personne qui s'est donné la mort devient un ange ?

Oui, peu importe la manière dont une personne décède, elle deviendra un ange et finira en paix. Je n'ai jamais rencontré d'ange qui dit ne pas être serein. Donc, apaisez-vous, même si la personne avec qui vous souhaitez un contact a déclenché sa mort, elle est en paix de l'autre côté.

Est-ce que certains anges restent bloqués entre la vie et l'autre côté ?

Non, disons que dès qu'une âme s'élève, elle rejoint l'autre côté. Cependant, il peut arriver qu'il revienne dans notre vie pour libérer quelque chose, mais ne les imaginez pas bloqués. Ils peuvent attendre quelque chose de vous, ou encore libérer chez vous un déclic, une émotion pour pouvoir rebondir. Il est important de préciser qu'ils ne sont pas en souffrance.

L'accompagnement de nos anges

Est-ce que les anges qui m'accompagnent (on ne parle pas d'Anges Gardiens) peuvent me quitter et revenir ensuite ?

Oui, les anges qui nous accompagnent peuvent être près de vous quelque temps, puis devoir « partir » aider quelqu'un d'autre, puis revenir vers vous.

Est-ce que les anges qui nous accompagnent font partie de notre famille ?

Non, pas toujours. Ils peuvent en faire partie, mais souvent, les anges qui sont liés à vous proviennent d'une vie antérieure. Ceux-ci peuvent avoir fait le choix de vous accompagner dans cette vie en tant qu'ange. Il arrive évidemment que vos anges soient de votre famille, que vous les ayez connus de leur vivant ou non. Ceux qui vous accompagnent le font de manière périodique. L'ange qui vous accompagne au quotidien est votre Ange Gardien, mais ne nous égarons pas, je vous ferai un point sur ce sujet plus bas.

Est-ce que les anges peuvent nous aider à aller mieux ?

Oui, pour cela, n'hésitez pas à leur demander, dans un moment de calme, de vous aider, vous apaiser. Évitez de leur parler quand vous vivez des émotions trop vives, trop difficiles. Nous avons tendance à appeler ou parler à nos anges, quand nous allons mal. La colère, la douleur ne font pas parties d'eux, alors souvent, ils ne nous comprennent pas quand nous exprimons les choses avec ce genre de sentiments. Mieux vaut être paisible pour leur demander de l'aide.

Est-ce que nos anges sont là, y compris dans mes moments d'intimités ?

Oui, et je vous assure que c'est bien le souci de mon quotidien : puisqu'ils sont avec nous, tout le temps, même dans nos moments les plus intimes. Si vous conscientisez cela, alors vous pouvez simplement, si vous le souhaitez, leur demander de partir d'une pièce le temps de faire ce que vous avez à faire. Seulement si cela vous dérange, car pour eux, cela n'a aucun impact. Cela fait partie de la vie et ils en ont pleine conscience. Ils ne jugent pas. Donc pas de panique, il suffit de leur demander de partir plus loin. Ils le feront.

Est-ce que nos anges peuvent nous pousser dans une mauvaise direction ?

Alors, la mauvaise direction… Y en-a-t-il vraiment ? Si vous pensez être dans la mauvaise direction et qu'un ange vous y guide, c'est que c'est une expérience enrichissante à vivre. Il n'y a pas de mauvais chemin, uniquement de l'apprentissage. L'ange y veille.

Une question revient très souvent : Comment prendre soin de mon ange ?

N'inversez pas les rôles, vous n'avez pas à prendre soin de vos anges. Ils sont là pour veiller sur vous. Et puis, il n'y a aucune façon palpable de prendre soin de lui. Peut-être uniquement en prenant soin de vous.

Les anges et la communication

Le fait d'allumer une bougie aide à la connexion avec l'ange ?

Non, en aucun cas. Seulement pour des raisons qui me sont encore étrangères, l'ange adore la flamme et l'énergie qu'elle dégage. Cela lui permet aussi de montrer sa présence, mais en aucun cas, cela permet une connexion plus facile.

J'aimerais avoir des signes de mes anges, comment faire ?

Vos anges vous envoient des signes, quotidiennement. Vous ne les percevez pas toujours, mais ils vous en envoient souvent. Des heures miroirs, des plumes, des papillons, une chanson ou bien un mot qui va vous interpeller dans une chanson. Pour leur permettre de vous donner des signes, parlez-leur. Ils vous entendent. Quand vous êtes dans un moment de calme, c'est le moment idéal pour leur demander de vous transmettre des signes. Ils peuvent vous donner des frissons, des sensations de chaleur ou de froid - le froid ne veut pas dire que c'est négatif -, une caresse. Ils ont souvent l'habitude de donner des frissons sur le haut du crâne ou sur vos pieds. Les extrémités, ils adorent !

J'ai rêvé de mon ange, il me disait au revoir, ça veut dire quoi ?

Vos anges adorent les rêves, c'est un endroit où vous êtes paisible, détendu et où votre inconscient est ouvert, alors cela leur permet d'implanter certaines choses et généralement, on enregistre leur passage. Si un ange vient vous voir pour vous dire au revoir, ce n'est pas qu'il vous abandonne, uniquement qu'il part dans un autre espace. Nous faisons souvent l'amalgame entre la mort et l'abandon. Une âme terrestre qui part est un ange qui vous accompagne. Même s'il n'est plus à vos côtés, il est à coté de vous. Analysez cette phrase, elle vous aidera…

Est-ce que les anges communiquent entre eux ?

Oui, et depuis aussi longtemps que je m'en souvienne, c'est le cas, perpétuellement. Ils se parlent de façon très classique, échangent leurs expériences d'anges, mais aussi de leur vie d'avant. Parfois, cela me vaut de beaux fous-rires.

Est-ce qu'un ange peut « entrer » en contact avec nous quand nous n'allons pas bien ?

Oui, au travers du rêve. Un ange est au calme quand vous dormez, et puisque votre activité est réduite, c'est le moment parfait pour vous passer un message. Donc lorsque vous êtes en état de sommeil, il aime passer dans vos rêves et vous laisse souvent des messages intenses, que je vous invite à écrire dès votre réveil - pensez à mettre un papier et un crayon sur votre table de nuit afin de pouvoir le faire tout de suite, sinon souvent notre conscient reprend le dessus et on oublie les éléments marquants de nos rêves…

Les anges et le temps

À partir de quand puis-je entrer en contact avec un défunt ? Y-a-t-il un délai avant de pouvoir le faire ?

À partir du moment où une personne nous quitte, et que l'âme est passée de l'autre côté, nous pouvons entrer en contact avec eux. Il est important de préciser, de nouveau, que l'espace-temps n'existe pas de l'autre côté. Nous, nous sommes habitués à vivre avec des heures, des obligations et le respect des horaires. Dans l'autre côté, ceci n'existe pas. Et très souvent, les anges me demandent après quoi nous courons sans cesse, ou encore ce qu'est « le temps ». Donc, il n'y a pas de délai pour entrer en contact avec l'un de vos anges. Donc le médium qui vous exprime que cela est « trop tôt » ou « trop tard » pour faire un contact défunt, n'est pas un médium. Fuyez !

Le décès a eu lieu il y a très longtemps, est-ce que je peux encore lui parler au travers d'un contact ange ?

Oui, s'il n'est pas parti dans une autre vie. L'espace-temps dans leur monde n'existe pas. Donc, peu importe s'il est décédé depuis longtemps, cela n'a pas d'importance pour lui, et aucune incidence sur le contact en lui-même.

Les anges et les enfants

J'ai fait une fausse-couche, une IVG, ou encore mon bébé est décédé à sa naissance. Est-il un ange ?

Oui, les enfants partis dans votre ventre ou lors d'un accouchement deviennent des anges. Et ils sont très souvent près de vous.

Est-ce que le contact avec un bébé ange est possible ?

Oui, un bébé ange se présente à moi souvent avec une apparence plus âgée, où l'on retrouve le langage, ils ont souvent le physique d'un enfant de sept/huit ans. Donc si vous avez perdu un enfant, vous pouvez tout à fait communiquer avec lui auprès d'un médium.

Pourquoi les enfants sont dits plus « sensibles » pour voir ou entendre les anges ?

L'enfant, que nous avons tous été, n'a aucune crainte, aucune peur. La vie, nos croyances, nos parents nous induisent cette alerte pour pouvoir nous protéger. Et parce qu'un nourrisson n'a aucune peur, il peut absolument percevoir les anges - pas tous les enfants bien entendu -, uniquement ceux prédestinés à être médium. Les anges, eux, n'aiment pas faire peur donc lorsqu'ils se montrent à un enfant, ils savent d'avance que l'enfant ne développera pas ce sentiment. Voilà pourquoi ils ont plus facile à se manifester auprès des plus jeunes. Lorsque nous grandissons, ce sentiment de peur grandit avec nous. Deux choix sont alors possibles pour l'enfant : soit de fermer naturellement ce canal, soit le laisser ouvert. S'il le ferme, il a toujours la possibilité de l'ouvrir plus tard. S'il est ouvert, alors cet enfant verra toujours les anges.

L'avenir et les anges

Est-ce que ce sont les anges qui prédisent les choses ou nous-mêmes ?

Les anges peuvent vous guider vers quelque chose qui semble juste et bon pour vous. Mais vous avez toujours votre libre-arbitre. Si vous êtes dans une situation que VOUS savez négative pour vous et que vous souhaitez y rester, alors, l'ange respectera toujours votre décision. Même s'il sait que ce n'est pas le « bon choix », il vous laissera faire, considérant cela comme une expérience de vie. Puis, il mettra de nouveau cette étape sur votre chemin afin de vous permettre de le vivre tout de même, mais plus tard.

Est-ce que nos anges connaissent notre avenir ?

Oui, bien sûr, ils connaissent les grandes lignes et visualisent toutes les alternatives possibles, voilà pourquoi lors d'un contact répété, vous pouvez avoir des messages différents de votre ange. Cela va dépendre de ce que vous mettez en place dans vos vies.

Le bien, le mal et les anges

Il y a-t-il de mauvais anges ?

Oui, comme dans notre vie, le bien et le mal forment un juste équilibre. Selon moi, les anges plus sombres sont souvent des âmes errantes. Ils guident souvent des personnes sombres, cela va de pair. Je ne m'intéresse que très peu à ces âmes-là. Je les croise parfois, mais ne m'en occupe pas.

J'ai fait du mal dans ma vie à la personne que je viens de perdre, me pardonne-t-elle ?

Oui, la rancœur n'existe pas de l'autre côté. Même si vous avez partagé avec cette personne beaucoup de douleurs, une fois là-bas, l'âme ne garde aucune colère, douleur, rancœur. Apaisez-vous.

Les différents types d'anges

Quel est le prénom de mon Ange Gardien ?

Je l'explique souvent lors de mes consultations. Cela n'a **aucune importance** de le savoir et ça ne frustre pas votre Ange Gardien que vous ne le sachiez pas. Cela ne vous empêche en aucun cas de lui parler, que vous connaissiez son prénom ou non. Si toutefois cela est votre souhait, alors, lors d'une séance avec un médium, c'est le bon moment pour lui demander.

Quelle est la différence entre Ange Gardien, Ange et Guide ?

Nous y voilà. C'est une question intéressante, qui nécessite quelques précisions. Mais nous allons faire simple :

L'Ange Gardien : Il est à côté de vous depuis votre premier cri, même si j'aime à croire que, peut-être même, un peu avant votre incarnation. Il restera chaque jour, chaque instant de votre vie auprès de vous et ce, jusqu'à votre dernier souffle. Il a pour but de vous « guider » dans votre quotidien. L'Ange Gardien va vous épargner des douleurs inutiles, ou au contraire, pour exemple, vous permettre de vous cogner l'orteil sur un coin de table, pour vous éviter une avalanche de mésaventures par la suite.

Un petit exemple :

Vous êtes en voiture, vous êtes arrêté à un stop. Vous vous posez la question à savoir si vous devez tourner à droite ou à gauche pour rejoindre votre destination (tout en sachant que les deux chemins peuvent vous mener au même endroit). Vous doutez… Puis, vous allez à droite et vous tournez afin de poursuivre votre route. Il est très probable que, si vous vous êtes posé cette question, votre ange gardien vous ait mis le doute. Pourquoi ? Peut-être que si vous aviez tourné à gauche, un accident aurait pu survenir et vous mettre en danger. Ou encore, le moment où vous avez douté, vous a probablement empêché un accident sur votre route. Voilà ce que fait votre Ange Gardien au quotidien, il vous protège. Il vous permet de ressentir certaines douleurs importantes et constructives pour votre devenir. Il vous suit partout où que vous soyez, jour et nuit. C'est aussi lui qui vous accueillera et vous guidera lorsque votre âme quittera votre corps.

L'Ange : lui, il va représenter un ange de vie ou un ange qui a décidé de vous aider momentanément. Il peut être un proche, un ami, ou un ange lié à une ancienne vie. Il est là souvent quand vous faites des contacts anges, c'est celui que vous appelez lors de ce contact. Il vient vous livrer un message sur ce qu'il ressent, voit, comprend de votre vie. Il n'a pas spécialement d'influence dans votre quotidien contrairement à l'Ange Gardien. Il peut souvent venir vous voir et vous apporter chaleur, picotements, signes divers, afin que vous pensiez à eux.

Le guide : j'aime les surnommer « les supérieurs », même s'ils n'ont aucune supériorité face aux Anges et aux Anges Gardiens. Pourquoi je les appelle comme ça ? Parce que souvent, ils viennent à nous pour de grandes décisions de vie. Un grand changement. Il va laisser l'Ange Gardien gérer le quotidien mais va venir lorsque nous rencontrons de grosses difficultés. Ils interviennent pour nous donner de l'énergie face aux grosses épreuves et nous guider sur le bon chemin. On ressent moins leur présence, aussi surprenant que ce soit.

Les langues et les Anges

J'ai perdu un parent mais il n'était pas français, est ce que lors du contact, il vous parlera dans sa langue ?

Non, il parlera de façon à ce que je le comprenne parfaitement. De la même manière qu'une personne qui a été muette de son vivant, elle pourra me parler lors de notre échange sans aucun problème. La barrière de la langue n'existe pas.

La personne que j'ai perdue ne parlait pas français, comment la comprenez-vous ?

Naturellement, et je ne l'explique pas, l'ange me parle et je le comprends dans ma langue. Il se peut cependant qu'un ange me passe un message dans une autre langue - souvent quelques mots - que j'écris, et que je vous transmets bien sûr. S'il y a notion de langue différente une fois de l'autre côté, je n'en ai pas conscience, puisque depuis toute petite, aucun ange ne m'a parlé une langue étrangère à la mienne. Un ange m'a déjà dit certains mots dans une autre langue, mais cela reste dans le but de vous évoquer un moment commun entre lui et vous.

Les anges et le Handicap

Est-ce qu'une âme partie retrouve son handicap physique lorsqu'il devient ange ?

Non, toute personne qui décède en ayant souffert d'un handicap physique de son vivant ne le porte plus de l'autre côté. Elle peut en parler lors d'un échange concernant sa vie terrestre, mais ne part pas avec. Pour exemple, une personne malentendante, ne l'est plus une fois ange.

***

Il est difficile de retracer <u>toutes vos interrogations</u>, car j'en reçois autant en rendez-vous que sur les réseaux sociaux. Je pourrais écrire un livre entier sur les questions que l'on peut se poser sur le monde invisible qui nous entoure.
Je n'ai, moi-même, pas toutes les réponses à ces questions...

Je leur demande parfois dans mon quotidien si telle ou telle chose arrive une fois de l'autre côté, les réponses sont parfois succinctes, et parfois caduques.

Nos anges sont tenus au silence sur certaines choses.

Sommes-nous tous prêt à les entendre ?